Rut Björkman

DAS EWIGE IM MENSCHEN

Rut Björkman

DAS EWIGE IM MENSCHEN

Licht einer anderen Dimension

AURUM VERLAG · FREIBURG IM BREISGAU

Die jeweils auf der ersten Seite eines Kapitels unter dem Text stehenden Zahlen beziehen sich auf die herangezogenen Tagebücher und haben für den Leser keine Bedeutung in bezug auf den Textablauf.

Aus Tagebuchblättern

1982
1–15 Tausend
ISBN 3 591 08178 7

Gesamtherstellung: Landsberger Verlagsanstalt Martin Neumeyer.
Printed in Germany.

INHALT

III Das Irdische und das Ewige

IV Unsere Wahrheit

Einleitung

»Wer an mich glaubt, der ist vom Tode zum Leben hindurchgedrungen.«

»Wer an mich glaubt, der hat das ewige Leben.«

Der Glaube, der hier gemeint ist, ist der Glaube an das in unserer Schöpfung wesende ewige Leben, der Glaube an Christus in uns. Wer zu der Gegenwart des Schöpfers in sich erwacht und sich selbst erkennt als Geschöpf Gottes, als von Gott geschaffen, mit der Aufgabe der Gottesoffenbarung, der richtet sich im Glauben an das Göttliche in sich aus und lebt aus diesem Göttlichen, erkennt sich selbst als eine Manifestation des unsichtbaren Schöpfers und bekennt sich zu Ihm, der alles in allem ist. Für ihn gilt die Verheißung, daß der, der an Ihn glaubt, das ewige Leben hat; er ist vom Tod (von einem Teil-Leben im Vergänglichen) zum Leben aus dem Leben selbst, aus Gott, vorgedrungen.

Was verstehen wir unter diesem Ausdruck des ewigen Lebens? Was ist das Leben aus dem Vergänglichen? Das ewige Leben ist das wahrhaftige Leben, das in allem Geschaffenen Leben bewirkt; und wenn wir im Bewußtsein dieses Lebens leben, sind wir hier und jetzt im ewigen Leben! Es ist der Glaube an dieses Leben, das Aufwachen zu der Erkenntnis, daß nicht wir das Leben leben, sondern daß das Leben, das Schöferprinzip, uns lebt, und unsere Hinwendung zu diesem Leben ist notwendig für uns alle, soll es zu einem Einstrom dieses ewigen Lebens in unser Bewußtsein kommen.

Erst durch das Befolgen der Aufforderung Jesu, unsere Sinne zu ändern, sie von außen auf das innere Geschehen zu richten – und damit zu erkennen, daß dieses innere Geschehen uns am Leben erhält, uns ständig bewirkt und erneuert – und unser Vertrauen zu diesem Leben ständig wachsen zu lassen, bis wir erkennen können: »Ich lebe, doch nicht mehr ich, Christus der Schöpfergeist lebt in mir«, erfüllen wir unseren Sinn – diesem Leben zur Offenbarung zu werden.

Der Glaube an die frohe Botschaft vom Göttlichen in uns und unsere Hinwendung zu ihm lassen uns zum ewigen Leben kommen, lassen uns im eigentlichen Sinne lebendig und vollmächtig werden. Wer im Glauben an seine Urbeziehung zu Gott lebt, und fortwährend auf seine spirituelle Wirklichkeit ausgerichtet ist, aktiviert das ewige Leben in sich und wird zu seiner Offenbarung. Dieser Mensch ist aus der Begrenzung im Vergänglichen erlöst und wächst hinein in das ewige Leben, das nicht sein Leben ist, sondern das leben des Schöpfers in ihm. Dieser Mensch hat die Zeit überwunden und bleibt wirkkräftig über alle Zeiten hinaus. Da ist der Mensch in Christus, der wahre Mensch.

I
Über die Seele

1
Die Seele als Zentrum des Lebens

Weil der Mensch sich selbst nicht erkennt in seiner Wahrheit als Geschöpf Gottes, Träger seiner Kraft zur Erfüllung seines Sinns als diese Kraft offenbarend, lebt er in einer inneren Unruhe, bedrängt von den Energien dieser Kraft, die, in unbewußte Bereiche verbannt, nicht aufhören können, um die Aufnahme in seinem Leben zu kämpfen.

Der Mensch als von Gott ausgegangen, kann keinen Frieden und keine Ruhe finden, bevor er nicht den Weg gefunden hat, der ihn zurückführt zu seinem Ursprung.

Wenn er auch vor dieser inneren Unruhe außerhalb seiner Wahrheit flieht und sich ablenkt mit selbstgesetzten Pflichten und Aufgaben, mit Vergnügungen und Zerstreuungen aller Art, so sucht sie ihn immer wieder heim, bricht störend in sein Leben ein, und so überwältigt ihn diese schöpferische Unruhe mit dieser inneren Not, die davon Zeugnis ablegt, daß ihm etwas not tut.

Es ist die spirituelle Wirklichkeit des Menschen, seine geschöpfliche Urbeziehung zu dem Schöpfergeist, aus dem er geschaffen ist, seine Seele, die ihn keine Ruhe finden läßt in der Sonderung von ihr.

13.658

Aus diesem Zustand eines inneren Wissens um den Verlust seiner Ganzheit, aus dieser immer wieder erlebten Störung zwischen innen und außen, zwischen Seele und Leben, entstehen Erschöpfungen, Depressionen, rätselhafte Angstzustände, das Empfinden von Schuld und Versagen, Zustände, die sich körperlich auswirken und Krankheiten auslösen, die den Menschen langsam verderben lassen, ohne daß es zur Erfüllung seines geschöpflichen Sinns kommt.

Ohne Einbeziehung seiner spirituellen Wirklichkeit, ohne Hinwendung zu der Kraft des Schöpfers, aus der er geschaffen ist, bleibt der Mensch ein Stückwerk, bleibt das schöpferische Geschehen unterbrochen, leidet der Mensch unter dem Fluch der Selbstentfremdung und des Irrens im Vergänglichen, ist er unfähig, seinen geschöpflichen Sinn im Zusammenhang des Ganzen zu erfüllen als höchste Offenbarung des Schöpfers in dieser Welt.

Dem leid-erfüllten Los des verlorenen Sohnes kann der Mensch nicht entrinnen, solange er seine geschöpfliche Situation nicht erkennt, da er von der Kraft des Schöpfers abhängig ist, soll seine Schöpfung vollendet werden. Die Erkenntnis dieser Kraft und die Hinwendung zu ihr sind die Voraussetzung für die Menschwerdung nach der Konzeption des Schöpfers.

Je näher der Mensch seiner Seele ist, um so mehr wird er von ihren schöpferischen Energien beunruhigt und bedrängt, und je unwissender er ist um das, was ihn beunruhigt, um so gefährdeter lebt er. Begreift der Mensch, daß er durch seine Schöpfung mit dem unsichtbaren Schöpfer in Beziehung steht und daß es das Schöpferprinzip in ihm ist, das zur Offenbarung durch ihn drängt, so sucht er den Weg der Verinnerlichung, den Weg der Rückverbindung mit seinem Ursprung, und er entgeht dadurch der Gefahr der Selbstzerstörung durch die ihn bedrängenden und beunruhigenden Kräfte seiner Seele.

Aber die meisten Menschen erkennen nicht, daß sie aus dem Gleichgewicht zwischen innen und außen gefallen sind, daß sie gespalten sind in sich selbst, daß sie ihre Seele kränken, ihr den heilenden Einfluß auf ihr Leben verweigern und dadurch mit Notwendigkeit einem Teil-Leben im Vergänglichen und Willkürlichen anheimfallen, aus dem Not, Krankheit, Entartung und Tod entstehen müssen.

Geistig und körperlich krankt der Mensch, wenn er seine Seele kränkt. Denn nur über sie strömen die heilenden, leben-gebenden Kräfte des Schöpfers in sein Leben hinein. Mit dieser menschbildenden Kraft Gottes in seiner Schöpfung muß der Mensch Verbindung aufnehmen, oder er bleibt außerhalb der Möglichkeit, seine wahre Identität zu finden.

Solange der Mensch seine Wahrheit nicht erkennt, nicht auf sie ausgerichtet lebt, muß er irregehen, muß er verderben, muß er sich für sich selbst wie für die Schöpfung um sich unheilvoll auswirken, weil er in sich nicht heil ist. Dieses Erleben der ihn verderbenden Folgen seiner Sonderung von der allein menschbildenden Kraft des Schöpfers in sich veranlaßt den Menschen, alle seine Mittel im Vergänglichen aufzubieten, um seine Nöte und Verderbnisse zu bekämpfen.

Aber mit welchem Erfolg? Werden die Menschen nicht

trotz aller wissenschaftlichen Forschungen und Erkenntnisse immer kränker, verderben und entarten sie nicht schon in der Jugend? Reichen doch unsere Anstalten für die geistig Gestörten nicht mehr aus, um diese Heerscharen von unglücklichen, von Ängsten und Wahnideen heimgesuchten Menschen aufzunehmen! Treibt nicht die innere Not die Jugend hinein in die Abhängigkeit von Alkohol und Drogen, werfen die jungen Menschen nicht ihr Leben vor Verzweiflung über die Sinnlosigkeit des Daseins weg, als hätte es keinen Wert!

In dem aus allem Maß und Gleichgewicht gefallenen Leben der Menschen kommt es nicht zu einem Aufwachen zu der Ursache unseres Verderbens, nicht zu der Erkenntnis unserer geschöpflichen Verkehrtheit, nicht zu einer Besinnung auf das, was uns allein not tut: die Bewußtwerdung unserer wahren Identität als Kinder Gottes, Träger seiner Kraft zur Erfüllung unseres hohen Sinns.

Nichts anderes kann dieser Menschheit aus den Mächten ihres Teil-Lebens, fern ihrer Seele, heraushelfen als die Rückkehr zu ihr, als die bewußte Einbeziehung ihrer Wirklichkeit in das tägliche Leben.

Unsere Nöte, die wir erleiden ohne die Rückverbindung mit unserer existentiellen Wahrheit, sind natürlich und wirken sich auf unsere Erweckung zu dieser Wahrheit aus. Wir müssen rettungslos zugrunde gehen, weil wir unter den Mächten des Versagens, der Krankheit und der Entartung unseres Lebens stehen, und weil wir das uns gemäße Leben nicht gefunden haben.

Der tiefe Sinn unserer Not liegt in der Erkenntnis dessen,

daß uns etwas not tut. Stellen wir uns bereitwillig unter die korrigierenden Kräfte unserer Nöte und forschen wir eifrig nach ihrer Ursache, so finden wir den Ausweg aus ihnen, und wir erkennen, daß wir ohne die Einbeziehung unserer Seele in unser Leben nicht gedeihen können.

2
Die Bewußtseinsinhalte des Menschen

Was der Mensch in seinem Bewußtsein trägt, geht als Strahlung von ihm aus. Nicht, was der Mensch redet, bestimmt seine Wirkung auf uns, sondern allein das, was er denkt, was er in seinem Geist bewegt. Wer glaubt, daß er die Menschen mit Worten überzeugen kann, die nicht mit seinem Geist übereinstimmen, täuscht sich. Nur die Einheit zwischen Wort und Geist hat überzeugende Kraft. Aber das Leben der Menschen untereinander ist auf äußerlichen Wirkungen aufgebaut, und der Mensch begreift noch nicht, daß er nicht aus der Einheit zwischen Geist und Wort herausfallen darf, soll er eine leben-gebende Wirkung vermitteln.

Die Sonderung des Menschen von seiner Seele als die Sonderung von seiner spirituellen Wirklichkeit macht ihn unglaubwürdig, verleiht ihm keine Macht und Mündigkeit. Wir verkehren miteinander, d.h. wir sind verkehrt im Umgang miteinander, und dieses löst Freudlosigkeit und Lieblosigkeit aus, weil es zutiefst Beziehungslosigkeit ist im Wesenhaften. Wir begegnen einander auf der Oberfläche, und es kommt nicht zu einem Austausch im wahrhaft Lebendigen, der zu neuem Leben führt. Wir tauschen Meinungen und Gedanken miteinander aus, aber sie lassen uns nicht am Leben aus dem Ursprung teilnehmen.

Wenn wir erfahren haben, welche Wirkung ein auf das

13.782

Wesenhafte in sich ausgerichteter Mensch ausübt, welche sonst nicht angesprochenen Kräfte unseres Wesens er auslöst, wird uns bewußt, wie entfernt wir von uns selbst im Wesenhaften wie auch von unseren Mitmenschen leben.

Wir können an solchen Tiefenerlebnissen mit Menschen erkennen, wie flach unser Zusammenleben ist, wie genügsam wir sind im Umgang miteinander. Wir reden miteinander, wir arbeiten zusammen, aber wir leben nicht miteinander, d.h. wir befinden uns nicht in einem Austausch mit den in uns allen verborgenen Seinskräften. Wir haben keine innere Beziehung zueinander, weil wir nicht in der Beziehung leben zu den inneren Kräften unserer Seele und deshalb nicht die Seele des anderen ansprechen können.

Beginnt in einem Menschen die Einkehr in seine Seele, wird er sich des Seins in sich wie um sich bewußt, so verändert sich gleichzeitig seine Beziehung zu seinen Mitmenschen wie zu der Schöpfung um sich. Eine andere Wirkung geht von ihm aus, die von allem Lebendigen um ihn aufgenommen wird, ohne daß die Frage aufkommt, warum dieser Mensch anders wirkt.

Beobachten wir selbst mit großer Aufmerksamkeit, was in uns geschieht, wenn wir mit Menschen zusammenkommen, werden wir bald den großen Unterschied zwischen den seelisch lebendigen und den seelisch noch unlebendigen Menschen wahrnehmen. Treffen wir auf eine lebendige Seele, die in Beziehung steht zu der Seele aller Dinge, so überwältigt uns die Spannweite ihrer Hinwendung zu allem, was lebt. Dieser Mensch lebt angeschlossen an die Seele der Welt und schöpft ständig neue Kräfte an Lebendigkeit.

Wir können an der Art, wie ein Mensch in ein Zimmer tritt, wie er sich nicht nur den anwesenden Menschen zuwendet, sondern auch dem verborgenen Leben der Pflanzen und Blumen, erkennen, in welcher Beziehung er zur Umwelt steht.

Es ist symptomatisch für den seelisch noch unerweckten Menschen, daß er ziemlich unberührt von seiner Umwelt dahinlebt. Was ein Mensch sieht in dem, was er sieht, und was er hört in dem, was er hört, sagt etwas aus über seine innere Lebendigkeit oder über seine Beziehungslosigkeit zu sich selbst im Wesenhaften. Die kleinen Kinder, die noch eng verbunden mit ihrer Seele leben, stehen in einer ständigen Beziehung zu ihrer Umwelt, nehmen gleichsam von innen her teil an dem Leben in allen seinen Offenbarungen. Hier wirkt noch die Sinnenhaftigkeit der Seele, die vordringt zu der Innenseite des Lebens und die zu jenem Jauchzen und zur Freude am Dasein führt, die uns staunen läßt über die hier wirkende Teilnahme an allem Lebendigen.

Eine Blume genügt, um das kleine Kind zu beleben, ein Schmetterling, ein Vogel, ein Lichtstrahl lösen Freude und Hingabe aus. Hier brauchen keine Worte ausgedrückt, keine Erklärungen abgegeben zu werden, das Kind lebt sich ohne Worte in das Leben um sich hinein und vertieft fortwährend seine Kenntnisse. Je weniger das kleine Kind beschäftigt wird mit äußeren Dingen, mit Spielzeug und ablenkenden Zerstreuungen, um so mehr entfaltet es die Fähigkeit, über seine Seele mit dem Leben um sich Beziehung aufzunehmen. Es sind die Erwachsenen, die verlernt haben, von ihrer Seele aus die Welt aufzunehmen und dadurch das kleine Kind aus dem Paradies, aus dem wirklichen Leben, vertreiben. Sobald das Kind zur Anpassung an die Welt der Erwachsenen gezwungen wird, erlebt es die Sonderung von seiner Seele. Damit hört die innere Beziehung zur Umwelt auf, und es entfaltet sich jene Oberflächenbeziehung ohne belebende Wirkung, unter der wir alle leiden und die eine wesenhafte Beziehung zur Schöpfung ausschließt. Wir registrieren die Umwelt, aber wir erleben sie nicht, wir nehmen nicht an ihrer Seinskraft teil und werden davon nicht belebt und beseelt.

Wir erkennen nicht, daß die primäre Wirklichkeit alles dessen, was lebt, in der Kraft des Schöpfers liegt, in jener spirituellen Wirklichkeit, die wir unsere Seele nennen, und daß wir nur wirklich lebendig sind, wenn wir aus dieser Kraft in uns leben und durch sie den Zugang zu allen ihren Offenbarungen bekommen.

Das Oberflächenleben, das wir jetzt führen, läßt uns verarmen, verurteilt uns zu einer inneren Einsamkeit, zu jener leidvollen Beziehungslosigkeit zu der Seele aller Dinge. Begreifen wir, daß die Ursache für alle Unfähigkeit, einander wesenhaft zu erreichen, darin liegt, daß wir aus der Einheit mit unserer Seele gefallen sind, dann müssen wir die Umkehr zu unserer Seele vollziehen.

3

Das uns im Wesenhaften miteinander Verbindende

Beobachten wir aufmerksam das, was in uns geschieht, wenn wir einem Menschen begegnen, welche Bereiche in uns angesprochen werden, in welche Schwingungslage wir hineinkommen und welche Nachwirkungen ausgelöst werden, so können wir daraus die Beziehung dieses Menschen zu seiner eigenen Schöpfung ablesen; wir können erkennen, was in ihm vorgeht, was seinen Geist bewegt. Der Mensch kann sich nicht verbergen, nicht seinen inneren Standort geheimhalten für den Erkennenden, für den um die unsichtbaren Kräfte der Bewußtseinsinhalte wissenden und sie erlebenden Menschen.

Wenn wir im Außen, ohne Beziehung zu unserer Seele leben, so haben wir keine Möglichkeit, die Beziehung unserer Mitmenschen zu ihrer Wesenswirklichkeit zu erkennen, sondern wir lassen uns beeindrucken von dem, was sie in ihrem willkürlichen Geist bewegen. Das führt zu Fehlurteilen und letztlich zu Enttäuschungen.

Wir erkennen nicht den eigentlichen Wert eines Menschen und verwechseln ihn mit dem, was er an Informationen und Kenntnissen gespeichert hat, und da sie keine Bereicherung für uns auslösen, verflüchtigt sich der Eindruck, dem wir ausgesetzt waren, und wir bleiben in einer Beziehungslosigkeit gegenüber dem betreffenden Menschen.

13.787

Diese Tatsache, daß wir im Laufe eines langen Lebens nur zurückschauen können auf eine sehr geringe Anzahl von Menschen, die uns in Erinnerung bleiben, die eine Tiefenwirkung ausgelöst haben, die verwandelnd auf unser Leben wirkten und uns ausrichteten und bestärkten in unserer eigenen Seele, läßt uns erkennen, wie wenige Menschen wir als seinsmächtig bezeichnen können.

Sie sind selbst nicht vorgedrungen zu ihrer Seele und können uns deshalb nicht seelisch ansprechen. So werden wir durch sie nicht in unserem Wesen gefördert und angesprochen, nicht zu dem hinaufgehoben, was wir eigentlich sind: Schöpferkraft in individueller Offenbarung, in dieser Kraft wesenhaft miteinander und mit der Schöpfung verbunden.

Betrachten wir aufmerksam unsere verschiedenen Beziehungen zu unseren Mitmenschen und erkennen wir die Ursache, warum der eine Mensch uns in den tieferen Bereichen anzusprechen vermag und der andere Mensch uns gleichgültig bleibt oder uns auch kränkt, so begreifen wir die Notwendigkeit unserer Verbindung mit unserer Seele, auf daß wir uns gegenseitig beseelen und wahrhaft beleben.

Es kann keine uns innerlich belebende Wirkung ausgehen von Menschen, die nicht verinnerlicht leben. Wir können nur in unserer Seele angesprochen werden von Menschen, die ihre Seele in ihr Leben einbezogen haben. Dieses erklärt die herrschende Beziehungslosigkeit der Menschen zueinander im Seelischen, das instinktive Widereinander aus dem Kampf um Selbstbehauptung im Willkürlichen und Vergänglichen.

Die Menschen begegnen sich in der Enge ihres Teil-Lebens im Persönlichen und erfahren keinen Austausch in der überpersönlichen Kraft ihrer Seele, wachsen nicht hinein in eine Beziehung zueinander im Wesenhaften, weshalb sie wie Schatten aneinander vorbeihuschen, ohne eine nachhaltige Wirkung zu erleben, die die inneren Kräfte entbindet.

Wenn wir erkennen, daß unsere Seele für unsere Wirkung als wahrhaft lebendige Menschen wichtig ist, ja, daß wir ohne die Hinwendung zu ihr nicht im eigentlichen Sinne wirkungsvoll im Wesentlichen werden können, müssen wir von Kindheit an erzogen werden zur Ausrichtung auf unsere spirituelle Kraft und im Glauben an diese Kraft in unseren Mitmenschen leben. Darin liegt das Geheimnis der lebengebenden Wirkung der Menschen, daß sie aus ihrer Ganzheit leben und fähig sind, ihre Mitmenschen in ihrer Seele anzusprechen.

Es kann nicht zu einer Gesundung menschlicher Beziehungen kommen, ohne daß der Mensch in sich heil ist. Die Verlagerung unseres Lebens in das Verstandesmäßige und Emotionale, ohne Einbeziehung der Seinskraft, die das uns miteinander Verbindende ist, unsere Seele, führt zu einem Teil-Leben im Persönlichen, das uns wider Willen voneinander trennt und uns dem Verhängnis der Selbstentfremdung ausliefert.

4
Der seelisch lebendige Mensch

Sobald ein Mensch seiner Seele nahe ist, sobald er zu der Erkenntnis der spirituellen Wirklichkeit des Lebens erwacht, beginnt seine Vereinsamung. Er wird für die ihn umgebende Menschheit ein Sonderling, der nicht mehr in sie integriert werden kann. Er steht bereits in einer anderen Beziehung zum Leben, er findet keine wahre Gemeinschaft und kein Verständnis für seine Ergriffenheit von jener inneren Wirklichkeit seiner Seele, die er als seine Lebenswirklichkeit schlechthin erkennt. Er hat sich entfernt von den Werten, die in dieser Menschheit herrschen, er hat keine Beziehung zu einem Leben, das sich auf der Oberfläche der Erscheinungswelt abspielt.

Er ist für diese Welt des seelen-fernen Treibens gestorben, und so wird er mit der Anziehungskraft des Bezüglichen von jener Welt angezogen, in der die Erleuchteten und Mystiker zu Hause sind. Die Fremde dieser Welt, in der die jetzige Menschheit lebt, getrieben von ihrer willkürlichen Geistigkeit, wird schmerzlich erlebt von allen denen, die den Durchbruch zu ihrer Seele erfahren haben.

Für sie alle gilt das Wort: »In der Welt habt Ihr Angst.« Die erdrückende Enge eines Teil-Lebens im Vergänglichen, das in dieser Menschheit herrscht, wird von allen denen erlebt, die aufgewacht sind zu der Dimension des wirklichen

Lebens, das das Leben ihrer spirituellen Wirklichkeit ist. Was in dieser Welt als Wert angesehen wird, die Zielsetzungen und Sinngebungen einer Menschheit, die ihre Wahrheit nicht erkennt, kann von den zu ihrer Wahrheit als zu ihrer spirituellen Wirklichkeit erwachten Menschen nicht geteilt werden.

So lebt dieser Mensch in dieser Welt, aber er gehört nicht mehr zu ihr. Er ist ein Außenseiter, ein in dem Leben dieser Welt nicht Engagierter, und er wird ob seiner Gleichgültigkeit gegenüber ihren Bestrebungen als ein Weltfremder und ein Träumer angesehen und gemieden. Er findet hier keine Heimat, kein Zuhause, keine Geborgenheit, er spricht nicht die Sprache dieser Welt, und er kann sich folglich auch nicht verständigen.

Das ist der Trost für die dieser Welt entfremdeten Menschen, daß sie aufgenommen worden sind in einer über Raum und Zeit bestehenden Gemeinschaft all derer, die zu ihrer Seele erwacht sind, und hier finden sie ihre wirkliche Heimat und jene leben-gebende Gemeinschaft, die sie ersehnen. Wenn von der Gemeinschaft der Heiligen gesprochen wird, so ist diese Gemeinschaft der zu ihrer Seele erwachten Menschen gemeint.

Die Heiligen sind die zu ihrer geschöpflichen Beziehung zu Gott erwachten Menschen, die spirituell Lebendigen, die die Verbindung aufgenommen haben mit der ihrer Schöpfung innewohnenden Kraft des Schöpfers, die im Glauben an ihre Gotteskindschaft leben.

Daß diese Menschen, die bereits aus einer anderen Dimension leben als diejenigen, die den Werten und Sinngebungen der heutigen Welt verhaftet sind, nicht von ihr erkannt und angenommen werden können, ist verständlich.

Das Schicksal der Erleuchteten und Wiedergeborenen in allen Zeiten und Völkern ähnelt sich. Sie werden verfolgt und als Einzelerscheinungen menschlichen Lebens angesehen und dadurch um ihre uns alle heilende und erlösende Kraft gebracht. Wenn sie auch nach ihrem Tod oft rehabilitiert und verehrt und angebetet werden, so werden sie nicht in ihrer für die Entbindung unserer Seele entscheidenden Bedeutung erkannt und angenommen, und ihre Aufforderung an uns zur Umkehr zu der spirituellen Wirklichkeit unseres Lebens und zu der Einkehr in dieses Leben wird nicht von uns befolgt.

Die Seele ist nicht einigen wenigen Menschen gegeben, sondern sie ist durch unsere Schöpfung uns allen mitgegeben, sie ist die Kraft des Schöpfers, aus der wir geschaffen sind, aber solange wir sie nicht erkennen und uns nicht mit dieser Kraft verbinden, bleiben wir in dem Zustand der Bewußtlosigkeit ihr gegenüber, und wir unterbrechen dadurch ihre Offenbarung durch uns.

Wenn wir ohne Beziehungen zu unserer Seele leben, kommt es zu einer Gleichgewichtsstörung unseres Lebens, die uns leiden läßt, die uns Krankheiten und Entartungen ausliefert und die die Menschwerdung verhindert. Die schöpferischen Kräfte werden dann in unbewußte Bereiche verdrängt und beunruhigen uns, lassen uns zu Opfern werden von Neurosen, die wir erkennen müssen als natürliche Folgen dieser Verdrängung unserer Wahrheit, der Verdrängung dieser Kräfte des Schöpfers in uns.

Wir können nicht ein uns gemäßes Leben führen ohne Einbeziehung unserer spirituellen Wirklichkeit, unserer Seele, und wenn wir dieses erkennen, begreifen wir die Ursache für alle unsere Nöte und Verderbnisse, Ängste und Depressionen als in unserer Sonderung von dieser Kraft des Schöpfers in uns liegend. Der seelisch lebendige Mensch ist aus der Enge eines Pseudo-Lebens im Willkürlichen erlöst, er hat seine Mitte gefunden, er lebt aus dem unerschöpflichen Quell des ewigen Lebens, und er steht in der Verbindung mit allen Offenbarungen in der Schöpfung um sich. So erlebt er die Fülle der auf ihn einströmenden Kräfte des Schöpfers, und seine Freude am Da-Sein ist vollkommen.

5
Das Seinsbewußtsein

Wie heute der willkürliche Geist des Menschen, sein Intellekt, sein Bewußtseinszustand ist, auf den er durch die Erziehung und die Beeinflussung durch eine geschöpflich verkehrt lebende Menschheit ausgerichtet wird, so sollte stattdessen die Schöpferkraft das Bewußtsein des Menschen erfüllen. Um diesen Durchbruch zu erreichen, muß es zu einer Erweckung des Menschen zu seiner spirituellen Wirklichkeit kommen, zu einer Bewußtwerdung seiner Wahrheit als Schöpfergeist in Offenbarung und zu einer Sammlung auf diesen Geist in der Gesamtheit seiner Schöpfung.

Der Mensch muß bis in seine Leiblichkeit die Anwesenheit der Kraft des Schöpfers erkennen und sie annehmen, denn da Gott alles in allem ist, gibt es nichts in unserer Schöpfung, das nicht gott-erfüllt als schöpferkraft-erfüllt ist. Diese Kraft muß durch uns entbunden werden, wir müssen, auf sie gesammelt, leben, sie als die Mitte unseres Lebens sehen, aus der wir neue Kraft schöpfen.

Das ist das Geheimnis eines vollmächtigen Lebens, das seinen Sinn erfüllt: bewußt aus der Kraft zu leben, aus der wir entstanden sind. Das Leben, das wir aus unserem willkürlichen Geist aufbauen, unsere Leistungen und unsere materiellen Erfolge haben mit der Menschwerdung im Sinne des Schöpfers, Ihm zur Offenbarung, nichts zu tun. Sie sind

Vorläufigkeiten, bis auf den Tag unseres Erwachens zu unserer Wahrheit, die Gottes Gegenwart in unserer Schöpfung ist, und unserer Ausrichtung auf sie. Je inniger die Verbindung wird mit der Kraft des Schöpfers, die uns lebt, je beseelter wir werden, um so menschlicher wirken wir uns aus, um so sinn-voller wird unser Leben. Denn unsere Seele ist die menschbildende Kraft des Schöpfers in uns, und sie befindet sich in jedem Atom unserer Schöpfung und wartet hier auf unsere Bewußtwerdung ihrer Gegenwart und auf unsere Annahme, um sich in uns auswirken zu können.

Solange wir die seelische Befreiung erst in einem Jenseits erwarten, solange wir uns selbst in dieser Welt als unter dem Fluch der Erbsünde lebend sehen und den verschwommenen Lehren von der Erlösung durch den Glauben an einen Erlöser verhaftet sind, bleiben wir in den in uns wesenden Schöpferkräften unerlöst, bleibt unsere Seele unentbunden. Gott wird nicht als anwesend in unserer Schöpfung erkannt, als die innerste Kraft und Wirklichkeit unseres Körpers, und erst mit der Hinwendung zu dieser Kraft werden ihre Energien aktiviert, und wir erleben die Vergeistigung und Vergöttlichung unserer Leiblichkeit.

Es ist widersinnig zu glauben, daß wir auf eine andere Weise die Kraft des Schöpfers vermitteln können als allein durch sein Werk, das wir sind – bis ins Körperliche. Unser willkürlicher Geist kann über Gott reden und sich Gedanken machen über Gott, und wir können dem Wahn verfallen, durch die Verkündigung dieser Gedanken von Gott und Erlösung etwas zur Gottesoffenbarung beizutragen.

Nur Gott kann Gott offenbaren. Und sind nicht Gottes

Kraft und Weisheit in unserer Schöpfung anwesend, so können wir nichts von Gott offenbaren, und alle unsere Lehren und Dogmen von Gott, denen wir uns gläubig zuwenden, führen nicht zur Vergöttlichung unseres Lebens. Erst wenn wir uns selbst in unserer Wahrheit erkennen und wissen, daß wir in der Gesamtheit unserer Schöpfung Gottes Kraft in Offenbarung sind und wir uns auf diese Kraft ausrichten, beginnt sie, sich durch uns kundzutun.

Die Seele als unsere spirituelle Wirklichkeit, die sich als unsere Schöpfung manifestiert hat, um durch diese sich zu offenbaren, ist das uns erlösende und heilende Prinzip, das von uns erkannt und angenommen werden muß: Solange wir Gott nur in unserem Geist bewegen, Ihn nur denken, Ihn aber nicht als unsere Wirklichkeit erkennen und lieben, bleibt Er ein verborgener Gott, und unsere Welt wird nicht vergöttlicht durch die Entbindung der in unserer Schöpfung anwesenden Kraft des Schöpfers.

Ruhen in Gott ist das Ruhen in dem Leben, das uns lebt, ist der Glaube an die Gegenwart der Schöpferkraft in jeder Zelle unseres Körpers. Der wahrhaft lebendige Körper ist der in seiner Schöpferkraft von uns entbundene Körper, der gottesbewußte Körper, denn da Gott alles in allem ist, wie können wir in der Gesamtheit unserer Schöpfung etwas anderes sein als Gottes Kraft in Offenbarung? Und weil diese Kraft in uns ist, können wir durch ihre Annahme und durch unseren Glauben an sie die Verbindung aufnehmen mit ihrer Anwesenheit in allem Geschaffenen und dadurch in die Einheit allen Lebens hineinkommen. *Ohne Bewußtsein für das Göttliche in uns bleiben wir auch bewußtlos gegenüber dem Göttlichen um uns, und wir verarmen an der lebengebenden Verbindung mit allem Leben um uns.*

Wenn sich einmal der Mensch, anstatt sich mit den überlieferten Vorstellungen von einem Gott in fernen Himmeln zu beschäftigen, mit der in seiner eigenen Schöpfung manifestierten Gotteskraft verbindet und diese Kraft an sich heranbetet, ihr in seinem Bewußtsein Einlaß gewährt, dann wird er von ihrer Aktivierung in sich die große Verwandlung und Neuschöpfung seines Lebens erfahren. *In dem Sichtbaren ruht die unsichtbare Schöpferkraft, und wenn sie erkannt und angenommen wird, kann der Sinn des Sichtbaren erfüllt werden als allein darin liegend, diese Kraft in der Schöpfung zu offenbaren.*

6
Die Energie der Seele

Die Seele des Menschen ist eine gewaltige psychische Energie, eine Schöpferkraftpotenz, die nicht aufhört, im Menschen bedrängend und beunruhigend zu wirken, bis sie den Weg in sein Bewußtsein gefunden hat und die Herrschaft über das Geschöpf Gottes antreten kann. Wir werden von innen her bearbeitet, von geheimnisvollen Energien geschüttelt, die unser Verstand abzuwehren versucht, weil sie unsere Ruhe im Gewohnten und Bisherigen beeinträchtigen, weil sie unser Leben in Frage stellen, unsere selbstgesetzten Ziele und Sinngebungen anfechten. Wir kommmen nicht zu jenem ersehnten Frieden in uns selbst, zu jener Freude am Leben, die wir haben könnten, wenn nicht jene in unbewußte Bereiche verdrängten seelischen Energien uns bedrängten.

Weil wir nicht in uns selbst integriert sind, nicht eine Einheit von Körper, Geist und Seele bilden, leiden wir, erleben wir diese innere Unruhe, werden wir heimgesucht von Neurosen und körperlichen Störungen, jagen wir nach Ablenkungen und Zerstreuungen, sind wir ständig auf der Flucht vor dem inneren Geliebten, der uns zurückruft in die verlassene Heimat unserer spirituellen Wirklichkeit, unserer Seele.

Welch eine Gnade, daß wir leiden, fern unserer Wahrheit,

welch ein Segen, daß wir keine Ruhe finden können in den Dingen dieser Welt! Wir sind nicht Kinder der Vergänglichkeit, sondern Kinder des unvergänglichen Lebens, und solange wir unser Erbe nicht annehmen, nicht gemäß unserer Wahrheit leben, leiden wir und gehen wir in die Irre; wir verderben am lebendigen Leibe und werden der Schöpfung um uns zum Verderben.

Welcher Mensch kennt nicht diesen Zustand der Verlorenheit in sich selbst, welcher Mensch wird nicht heimgesucht von einer in ihm selbst verborgenen Kraft, die ihn immer wieder in seinem Teil-Leben in Frage stellt, die ihn bis in die Träume hinein verfolgt? Kein Mensch kann außerhalb seiner existentiellen Wahrheit, die diese Kraft ist, zur Ruhe kommen und sein Leben als in sich heil erleben, denn diese Kraft seiner Seele ist die allein menschbildende Kraft des Schöpfers, und je bewußter der Mensch sich ihrem Anruf öffnet und sich mit ihr verbindet, um so lebendiger, um so vollmächtiger wird er.

Das wahre Glück des Menschen kann nur erlebt werden, wenn er in seiner Ganzheit hervorkommt, wenn seine Seele in sein Leben einbezogen worden ist und er über sie den Zugang findet zu der Seele der Schöpfung. In dieser Einswerdung mit der Kraft des Schöpfers, aus der er hervorgegangen ist, wird der Mensch der Liebe fähig als der lebengebenden Synthese im Ursprung.

Auf diesem Weg zur Wiedergeburt, der ein Weg der Umkehr zu uns selbst in unserer Urbeziehung zu dem Schöpfer ist, werden wir vorwärtsgetrieben durch die Not der Heimatlosigkeit in dieser Welt des Scheins, in der die geschöpfliche Verkehrtheit des Menschen herrscht. Wir können hier keinen Frieden und keine Freude im heiligen Geist des Lebens aus Gott finden, wir bleiben mitten in allem rastlosen Tun außerhalb unserer Heimat und werden von der Sehnsucht nach ihr erfüllt.

Alle unsere Versuche, mit den Mitteln dieser Welt in uns selbst zur Ruhe zu kommen, müssen scheitern, alle selbstgesetzten Ziele führen nicht hinein in unsere Wahrheit, die Gottes Kraft in unserer Schöpfung ist, unsere Seele.

Es nützt dem Menschen nichts, wenn er die ganze Welt gewinnt und dabei seine Seele verliert. Reichtum und Macht können keinen Ersatz bieten für diese Kraft des Schöpfers in uns, die uns den Zugang zu dem Reich Gottes gibt und uns verbindet mit den unerschöpflichen Kräften des ewigen Lebens in allem Geschaffenen.

In der Unwissenheit um diesen unermeßlichen Reichtum seiner Seele jagt der Mensch den vergänglichen Dingen dieser Welt nach, begnügt sich mit dem Pseudo-Leben aus seinem Verstand, strebt nach Macht und Ansehen, und er erlebt am Ende, daß er dem Fluch des verlorenen Sohnes anheimgefallen ist.

Ist nicht der erschreckende Zustand dieser sich selbst in ihrer Wahrheit entfremdeten Menschheit für uns ein Zeichen dafür, daß wir auf dem Weg des Verderbens gehen und daß es in dieser Richtung, die wir eingeschlagen haben, keine Rettung gibt vor dem endgültigen Verderben unserer mühsam aufgebauten Welt? Unser Verstand vermag keine Mittel auszudenken, die uns das Heil bringen; unsere willkürliche Geistigkeit mag sich noch so sehr entwickeln, um uns doch nur die Erfahrung zu bringen, daß die Sonderung von unserer Seele noch größer, der Zustand unseres Unheilseins noch verhängnisvoller wird.

Das geänderte Bewußtsein, das den Einstrom der Schöpferkraft in unser Leben ermöglicht, ist das Bewußtsein für unsere spirituelle Wirklichkeit, ist das Aufwachen zu dem Erkennen unserer Seele. Wir sind in der Gesamtheit unserer Schöpfung die Kraft des Schöpfers in Offenbarung, und solange wir diese Kraft nicht erkennen und sie nicht annehmen, bleiben ihre Energien in unbewußte Bereiche verdrängt, und von hier bedrängen sie uns, lassen uns nicht zur Ruhe kommen, machen uns schuldig, liefern uns der Disharmonie aus und versperren uns den Weg zu dem Reich göttlichen Seins in uns.

7
Kontakt mit der Seele

Die Erleuchtung eines Menschen kann erst dann eintreten, wenn der Mensch Kontakt aufnimmt mit dem inneren Licht des Schöpfers, mit seiner spirituellen Wirklichkeit, mit seiner Seele. Ein kleines Kind leuchtet, weil es in diesem inneren Licht des wirklichen Lebens ruht, weil es angeschlossen ist an seine Seele.

Wenn dieser Kontakt aufhört durch die Entfaltung einer willkürlichen Geistigkeit, wenn der Mensch seine Seele in unbewußte Bereiche zurückdrängt zugunsten einer seelenlosen Umwelt, hört das Leuchten von innen her auf, und die Finsternis der Gottlosigkeit breitet sich aus.

Wir erleben fortwährend im Umgang mit uns selbst und mit den Mitmenschen, daß wir keine von innen her durchstrahlten und erleuchteten Menschen sind. Wir leben in unserem willkürlichen Geist, nicht angeschlossen an den Schöpfergeist.

Begegnen wir einem Menschen, der von innen her leuchtet, der uns auch ohne Worte mit den Energien seiner Seele bewirkt, so ist eine solche Begegnung etwas uns innerlich Berührendes, etwas, das unvergeßlich ist. Nur wenige Menschen begreifen ihre latente Möglichkeit, für ihre Umwelt zur Erleuchtung zu werden. Sie nehmen stumpf hin, daß ein erleuchteter Mensch eine Ausnahmeerscheinung ist, ein besonders von der Gnade Gottes erfüllter Mensch, anstatt durch einen solchen Menschen sich dessen bewußt zu werden, daß es der Sinn eines jeden Menschen ist, das ihm anvertraute Leben aus dem Ursprung auszuleben und so zum Licht seiner Welt zu werden. Denn Gott, der Schöpfer, ist Licht, und es ist keine Finsternis in Ihm. »Wenn wir im Licht wandeln, wie Er (der Schöpfer) im Licht ist, so haben wir Gemeinschaft miteinander.« Eine solche Gemeinschaft ist uns durch unsere geschöpfliche Beziehung zu dem Urlicht möglich, aber solange wir uns nicht dem Göttlichen in uns zuwenden, sehnen wir uns vergeblich nach wahrer Gemeinschaft.

Der Erleuchtete, der seelisch lebendige, auf die Kraft Gottes in sich ausgerichtete Mensch erlebt seine Zugehörigkeit zu allem Lebendigen, das seinen Ursprung in Gott, dem Schöpfer, hat. So steht er in einer Fülle der auf ihn einströmenden Lichtkräfte des ewigen Lebens, und seine Freude ist vollkommen.

Er lebt, und Leben ist Seligkeit, ist Erfüllt-sein mit Seele, was identisch ist mit Leben aus Gott. Der Mensch, der zu der Dimension seiner Seele vordringt, ist im eigentlichen Sinne lebendig geworden, und da alles Leben denselben Urheber hat, ist er mit allem Leben um sich verbunden. Der Zustand der Isolation und der inneren Einsamkeit, in dem sich die meisten Menschen befinden, läßt offenbar werden, daß sie aus der Einheit mit dem von urher Gemeinsamen gefallen sind, daß sie außerparadiesisch leben, von ihrer Seele gesondert.

8
Ohne die Verbindung mit unserer Seele ist nur Außenwelt erreichbar

Wenn das Wort Bewußtsein die Bedeutung der Bewußtwerdung des in allem Geschaffenen wesenden Seins einschließt, dann müssen wir erkennen, daß wir erst ein Teil-Bewußtsein haben. Wir sind uns der Erscheinungswelt bewußt, wir leben innerhalb der Grenzen unserer fünf Sinne, aber wer kennt einen Augenblick, wo er sich der Seinskraft innerhalb der Erscheinungswelt bewußt ist, wo er den Einstrom dieser Kraft in seinen Geist erlebt? *Die Überschreitung der Grenze zwischen dem Sichtbaren und dem Unsichtbaren, das darin wirkt, ist nur wenigen Menschen zum Erleben geworden. Also ist unser Bewußtsein nicht in dem Maße entwickelt, daß wir uns bewußt des in uns und in der Schöpfung um uns wirkenden Seins sind.* Damit ist uns nur die eine Hälfte des Lebens erreichbar, nämlich die der Außenwelt, das, was wir sehen und mit unseren körperlichen Sinnen wahrnehmen können. Zu der Innenwelt oder zu den Kräften, aus denen diese Außenwelt entstanden ist, finden wir mit den körperlichen Sinnen keinen Zugang. Was innen ist, muß mit inneren Sinnen wahrgenommen werden, mit den Sinnen unserer Seele. Sie ist noch nicht in unser Bewußtsein einbezogen, wir leben nicht – wie alles Geschaffene um uns – in der Schöpfung von innen nach außen, wir entfalten uns nicht spirituell.

Unser Geist übernimmt die Führung über unser Leben, anstatt sich als Werkzeug des Schöpfergeistes zu erkennen. Daß der willkürliche Geist des Menschen keine Möglichkeit hat, zu dem Geheimnis des Lebens vorzustoßen, begreifen wir nicht, sondern wir sind unermüdlich bestrebt, diesen Geist zu entfalten, ihm immer mehr Kenntnisse über die Welt der Erscheinungen zuzuführen, in der Hoffnung, daß er die Rätsel unseres Lebens einst lösen wird.

Erst mit der Bewußtwerdung der Seinskraft oder der Schöpferkraft, aus der wir entstanden sind, und mit der Einbeziehung dieser Kraft in unseren Geist werden wir im eigentlichen Sinne lebendig und vollmächtig. Unsere geschöpfliche Richtigstellung vor dem Schöpfer ist erst durch die Wiedergeburt möglich, durch die Erkenntnis seiner Anwesenheit in unserer Schöpfung und durch unsere Einheit mit Ihm, der alles in allem ist.

Der Schöpfer hat mit seiner Kraft unseren Körper geschaffen, und Er bleibt mit dieser Kraft in jedem Atom gegenwärtig, anders könnten wir nicht einen Augenblick leben. Aber wir sind uns dieser Gegenwart der Schöpferkraft nicht bewußt, und wir unterstellen uns nicht ihren Gesetzen, sondern wir stellen dieses Eigentum des Schöpfers in den Dienst unseres willkürlichen Geistes, und wir gehen nach Gutdünken damit um und müssen die Folgen unserer geschöpflichen Verkehrtheit tragen in Not auf Not.

Diese verhängnisvolle Unwissenheit um die ständige Gegenwart der Schöpferkraft in unserer Schöpfung ist die Ursache alles dessen, was uns leiden läßt und uns für unseren geschöpflichen Auftrag unfähig macht, als diese Kraft durch uns auszustrahlen zur Vergeistigung und Vergöttlichung unserer Welt.

Nicht Gott, der Schöpfer, hat uns verlassen, was unmöglich wäre, da wir in der Gesamtheit unserer Schöpfung sein Werk sind, sondern wir leben ohne Bewußtsein für seine Gegenwart in uns und haben folglich keinen Zugang zu unserer Göttlichkeit. Von dieser Verbindung jedoch ist unsere Schöpfung bis in jede Zelle unseres Körpers abhängig, um ihrer vollen Aufgabe nachgehen zu können.

9
Erkennen und Erleben sind zweierlei

Erkennen und Erleben sind zweierlei. Mit dem Erkennen erfasse ich die Außenwelt, mit dem Erleben nehme ich teil an den Kräften der darin waltenden inneren Wirklichkeit. Erkennen ist eine Vorstufe des Erlebens, des Teilnehmens an dem Leben selbst. Um zu erleben, muß die Seele oder die spirituelle Wirklichkeit in uns wachgeworden sein, denn sie ist unsere Lebenswirklichkeit, die uns den Zugang zu dieser Dimension der Seinskraft um uns ermöglicht. Ein Kind, das noch in seiner Seele lebt, nimmt auf eine andere Weise am Leben teil als der Erwachsene, der, seiner Seele fern, aus seinem Verstand die Welt aufnimmt, weshalb zwischen dem Kind und dem Erwachsenen selten eine wahre Kommunikation entsteht. Das Kind bleibt zu einer inneren Einsamkeit verurteilt und kommt erst durch die Ausrichtung auf die Verstandeskräfte durch die von den Erwachsenen konzipierte Erziehung in das Leben, das hier herrscht, hinein.

Damit ist die Spaltung zwischen dem Erkennen und dem Erleben eingetreten, die sich so verhängnisvoll für diese Menschheit auswirkt und die Ursache ist für alle Nöte und Katastrophen, die sich hier abspielen.

Die Seele als die Verbindungsstelle mit dem Schöpferprinzip in allem Geschaffenen ist in dem Leben dieser Menschheit in unbewußte Bereiche verdrängt. Die Folge davon ist

14.951

die Unfähigkeit des Menschen, die Schöpferkraft in seiner Schöpfung zu erleben. Aus seinem willkürlichen Geist lebend, findet der Mensch keine Verbindung mit dem Geist des Schöpfers in seiner eigenen wie in der Welt Schöpfung. Er baut eine Scheinwelt auf, die keine wahrhaft schöpferische Entfaltung aufweist, nicht vordringt zu dem Geheimnis der in allem Geschaffenen waltenden Schöpferkraft. Mit der Verdrängung seiner Seele, die diese Kraft in ihm ist, ist der Zugang zu ihrer Gegenwart in der Schöpfung um ihn unterbrochen.

Ohne die Einbeziehung der Kraft des Schöpfers, die den Menschen schuf und die allein die Menschwerdung bewirken kann im Sinne der Offenbarung dieser Kraft durch das Geschöpf Mensch, bleibt der Mensch das Opfer eines Teil-Lebens außerhalb seiner Wahrheit und deshalb in allem, was er tut, zum Scheitern verurteilt.

Es fehlt dem Menschen zu einem vollmächtigen Leben das Leben selbst, jene schöpferische Kraft und Wirklichkeit, aus der er hervorgegangen ist, und bis zur Bewußtwerdung dieser Kraft bleibt der Mensch unter den Mächten der Sinnlosigkeit und des Todes.

Wie aber soll der Mensch den Anschluß an diese Kraft in sich gewinnen können inmitten einer Menschheit, die ihre Abhängigkeit von dieser Kraft, um ein vollmächtiges Leben zu entfalten, nicht kennt?

Auf sich selbst angewiesen, ist der Geist des Menschen unfähig der Teilnahme an dem wirklichen Leben; er erschöpft sich in dem Erkennen der Phänomene der Schöpfung, aber er dringt nicht vor zu ihrem Ursprung.

Gleich dem Kind lebt auch der schöpferische Mensch in einer Empfänglichkeit für das Schöpferprinzip in sich wie um sich, und er erlebt die Welt von innen her, er hat Zugang zu einem tieferen Leben und kann von ihm, je nach seiner Begabung, Zeugnis ablegen.

Die großen Künstler sind erlebende, an der Schöpferkraft teilnehmende, intuitive, seelisch lebendige Menschen, die aus den unerschöpflichen Tiefen der Seele ihre Werke schaffen, wissend, daß sie nicht aus ihrem Geist hervorgehen, sondern aus dem Geist des Schöpfers, der in ihrer Schöpfung anwesend ist und zu dessen Bereichen ihre lebendige Seele Zugang gefunden hat.

II
Über die Liebe

1
Das Geheimnis des Wachsens, Blühens und Früchtetragens

Die Liebe zu Gott ist das Geheimnis des Wachsens, des Blühens und des Früchtetragens, denn diese Liebe ist die nie aussetzende Synthese mit dem Leben selbst, mit der Kraft, aus der alles Leben entsteht. »Wer in der Liebe ist, ist in Gott und Gott in ihm.« Diese Liebe zu Gott wird erst zu einer uns verwandelnden und erneuernden Kraft, wenn wir Gott recht erkennen als das Leben, das uns und alles Leben lebt. *Wir suchen nach Gott und finden Ihn nicht, wenn wir Ihn außerhalb seiner Schöpfung suchen, die wir und alles Geschaffene sind. Erst wenn wir in Gott ruhen als in der Kraft, die uns lebt, beginnt die lebengebende Synthese zwischen uns und Gott.*

Dieses Zuhausesein in uns selbst, dieses Ruhen in der Seinskraft, die jedes Atom unserer Schöpfung erfüllt, ist Meditation, ist Einheit im Ursprung, ist Friede und Freude im heiligen Geist. Der in sich ruhende Mensch ist von den ständigen Wünschen und Begierden befreit, und er kann bekennen: »Deine Gnade genügt mir.« Das Leben, das mich lebt, verbindet mich mit allem Leben, läßt mich teilnehmen an den Seinskräften in allem Geschaffenen, läßt mich die

Fülle des Lebens erleben, macht meine Freude am Dasein vollkommen.

Wer diese Verbindung mit dem Leben des Schöpfers in sich hat, schaut hinter den Vorhang, den unsere Unwissenheit aufhängt zwischen uns und Gott; er ist in das Reich Gottes hineingekommen. Es gibt keinen anderen Weg der Verinnerlichung, der Meditation, der Sammlung auf unsere Wahrheit, die Gott ist. Wer Gottes Kraft und Weisheit in sich selbst wie in der geschöpflichen Welt erkennt und in Liebe und Anbetung ihr zugewandt lebt, der ist im Frieden, er ist in seine Urheimat zurückgekehrt, er lebt im ewigen Leben.

Da dieses Leben Gottes immer in uns anwesend ist, da es alles in allem ist und da es nichts gibt als dieses Leben, können wir von ihm nur getrennt werden durch unsere Bewußtlosigkeit gegenüber seiner ständigen Gegenwart. Die Überwindung dieser Bewußtlosigkeit ist Gotterfülltheit. Es ist ein Zustand jenseits des Denkens, des Planens, des Wollens, es ist Ekstase außerhalb des kleinen Ichs, um in dem großen Ich-Bin-Gottes in uns auszuruhen.

Das ist die Rückkehr des verlorenen Sohnes zum Vater, das Erleben der Zugehörigkeit zu dem Reich göttlichen Seins, die Wiedergeburt, »ohne welche niemand wird Gott sehen«. Hier und jetzt, in jedem Augenblick sind wir in Gott, aber solange wir es nicht erkennen, bleiben wir ohne Teilnahme an seinen unerschöpflichen Kräften und Klarheiten.

Wir selbst schließen uns aus der Einheit allen Lebens in Gott aus und verarmen am Leben, mitten in einer nie aussetzenden Fülle, weil wir nicht erkennen, daß es nichts als Gott gibt und daß sein Reich unsere Heimat ist.

Erkennen wir die Meditation als das Ruhen in den Seinskräften in uns und um uns, so wird die Meditation zu einem Zustand, der nie aussetzt. Wir schließen uns nicht von der Welt ab, um zu meditieren, sondern wir leben jeden Augenblick in der Hinwendung zu der inneren Wirklichkeit in allem, was wirkt. Wir schließen nicht die Augen vor der Schönheit der Schöpfung, sondern wir schauen durch alles Äußere hindurch zu der darin wesenden Kraft des Schöpfers, und wir beten sie an, nehmen in Liebe daran teil. Wir gehen nicht auf die Suche nach Meistern und Methoden, um unser Heil zu gewinnen, sondern wir bleiben in unserem Heil in uns selbst und sehen »mit diesen Augen unseres Fleisches« Gottes Gegenwart und ruhen darin, wie die Pflanze im Erdreich ruht. *Da wir seine Kraft in Offenbarung sind, kann uns von Gott nichts trennen als allein unsere Bewußtlosigkeit gegenüber seiner ständigen Gegenwart.*

2
Die überpersönliche Liebe

Die überpersönliche Liebe ist erst die wahre und die erlösende Liebe, sie ist die Synthese in dem von urher Gemeinsamen, und sie entspringt dem Glauben an die Einheit allen Lebens im Ursprung. Sie ist nur möglich aus dem Erwachen des Menschen zu der in seiner Schöpfung wirkenden Kraft des Schöpfers, das uns dieser Kraft in allem Geschaffenen bewußt werden läßt.

Der spirituell erwachte Mensch ist ein liebender, ein sich mit der Schöpferkraft in allem Lebendigen verbindender Mensch. Er vermag durch alles Gewordene zu der verborgenen Kraft des Schöpfers in seiner Schöpfung vorzudringen. Er leistet dem Bösen als dem Verkehrten keinen Widerstand, denn er weiß um die Vorläufigkeit dessen, was wir böse nennen. Das Böse ist die Kraft des Guten, verkehrt angewandt, es entsteht aus der Sonderung des Menchen von seiner Wahrheit. Darin liegt das Geheimnis des Sündenfalls.

Da der Mensch aus der Kraft des Schöpfers geschaffen ist, ist er gut, solange er auf diese Kraft in sich ausgerichtet lebt. Stellt er diese Kraft in den Dienst seiner Willkür, hält er sein Leben für sein Eigentum, mit dem er nach Gutdünken umgehen kann, so erlebt er, daß er böse, nämlich verkehrt wird. Seine geschöpfliche Verkehrtheit läßt ihn in einen Gegensatz geraten zu der ihn mit allem Lebendigen verbin-

13.780

denden Kraft des Schöpfers und schließt ihn so aus der Einheit allen Seins im Ursprung aus, isoliert ihn in einem auf das Ego zentrierten Pseudo-Leben.

Dieser Mensch sind wir alle, bis auf den Tag des Erwachens zu unserer Wahrheit als Schöpferkraft in individueller Offenbarung und unseres Bekenntnisses zu dieser Kraft in uns und in der Schöpfung um uns. Wir müssen leiden unter den nur auf der Oberfläche des Lebens sich abspielenden Beziehungen zu unserer eigenen und der Welt Schöpfung, bis wir erkennen, in welchem Umfange wir mit allem Lebendigen verbunden sind durch die Kraft des Schöpfers, aus der wir hervorgegangen sind, und bis wir uns in Liebe dieser Kraft zuwenden.

Hier tritt diese überpersönliche Liebe in Erscheinung, hier werden wir fähig, trotz aller unserer Reaktionen gegen das noch herrschende Pseudo-Leben der Menschen uns darüber hinwegzusetzen und zu erkennen, daß sie wesenhaft gut sind, weil sie aus dem göttlichen Ursprung hervorgingen. Der Glaube an dieses Gute aktiviert es und erhöht den Menschen zu seinem eigentlichen Wert als Kind Gottes.

Daß diese überpersönliche Liebe noch eine unbekannte Größe unter uns Menschen ist, liegt an unserer noch herrschenden Bewußtlosigkeit gegenüber der in uns anwesenden Kraft des Schöpfers. Wir identifizieren uns mit unserer Person, mit unserem Beruf und unserer gesellschaftlichen Stellung in dieser Welt, und wir begrenzen uns dadurch, wir isolieren uns voneinander und geraten hinein in ein instinktives Widereinander, in den Kampf um die Behauptung unseres Pseudo-Lebens.

Die Liebe als die Synthese mit dem Ursprung kann nicht erlebt werden, solange wir nicht auf diesen Ursprung ausgerichtet leben. Was wir in diesem Zustand Liebe nennen, ist begrenzt auf das Persönliche und Vergängliche, und sie kann zu Ende gehen, wenn wir in unseren Wünschen und Begierden enttäuscht werden. Das Pseudo-Leben, das wir fern unserer Wahrheit führen, macht uns einer überpersönlichen und auf das Wesenhafte ausgerichteten Liebe unfähig. Wir können nur überpersönlich lieben, wenn wir zu der überpersönlichen Kraft des Schöpfers in uns vorgedrungen sind und wissen, daß diese Kraft nicht nur in uns, sondern in allem Lebendigen am Werke ist.

»Wer in der Liebe ist, ist in Gott und Gott in ihm.« Diese Liebe ist das Band der Vollkommenheit, sie kann nicht aufgelöst werden, sie ist die Hoffnung des Menschen auf die Erlösung aus der jetzt herrschenden Lieblosigkeit, die uns voneinander trennt, die uns einer inneren Einsamkeit ausliefert.

Diese Liebe ist für uns nicht erfahrbar, sie ist eine Utopie, bis zu dem Tag der Bewußtwerdung unserer Wahrheit als der Kraft des Schöpfers in Offenbarung und unserer Ausrichtung auf diese Kraft. Sie erfordert die Wiedergeburt des Menschen als seinen Durchbruch zu der Dimension seiner Seele, soll er jener Liebe fähig werden, die wir die überpersönliche, die auf das göttliche Geheimnis des Lebens ausgerichtete Liebe nennen. Und da wir die Notwendigkeit der Wiedergeburt als die Voraussetzung für ein Leben in der Liebe, in der Synthese mit dem wirklichen, von Gott ausgehenden Leben noch nicht erkennen, bleiben wir der Lieblosigkeit ausgeliefert. *Wir möchten lieben und geliebt werden, aber wir vermögen nicht, die dafür notwendige Einheit im Ursprung herzustellen, die allein zum Erleben jener überpersönlichen Liebe führt, die wir zutiefst ersehnen.* Wir lieben aus dem Zustand eines dem Persönlichen und Vergänglichen verhafteten Lebens, und wir erreichen einander nicht im Wesenhaften, wir können nicht erlösend und heilend auf das uns von urher Gemeinsame wirken. So gehen wir von einer Liebe zur anderen, in der Hoffnung, auf jene Liebe zu stoßen, die uns aus der Sonderung von unserer Seele erlöst und uns unseren Wert als Kinder Gottes, Erben ewigen Lebens, erleben läßt.

3

Wir müssen bewußt des Seins leben

Die Liebe zu Gott darf nicht als eine religiöse Forderung an den Menschen ergehen; wir müssen erkennen, daß wir Gott lieben müssen, um ein vollmächtiges Leben zu entwickeln. Aber um diese Liebe zu Gott, die uns lebendig und vollmächtig macht, vollziehen zu können, müssen wir Gott recht erkennen als alles in allem, als die innerste Kraft und Wirklichkeit in allem, was wirkt.

Wir können nicht eine Vor-stellung von Gott lieben, denn Liebe ist Synthese, sie ist eine Einheit zwischen uns und dem Geliebten, die zu neuem Leben führt. Wenn unsere Gottesliebe uns nicht lebendiger und vollmächtiger macht, haben wir nicht die Liebe zu der Wirklichkeit Gottes vollzogen, und wir leben nicht in der Einheit mit seiner Kraft.

Gott ist unser Ausdruck für das Urgeheimnis des Schöpfergeistes, das allem Geschaffenen zugrunde liegt, aber dieser Ausdruck, dieses Wort Gott, ist nicht Gott, und die Anbetung dieses Wortes macht uns nicht gott-erfüllt. Die Religionen reden von Gott, fordern uns auf, Gott zu lieben und an ihren Gottesdiensten teilzunehmen und können uns doch nicht die Wirklichkeit Gottes nahebringen, uns nicht aufklären über die Gotteswirklichkeit allen Seins.

Wir werden fixiert im Glauben an einen außerweltlichen Gott; wie sollen wir Ihn lieben können und die leben-

13.968

gebende Verbindung mit Ihm aufnehmen, da Er uns doch entzogen ist, weil wir Ihn außerhalb unserer Schöpfung suchen.

Es bedarf einer neuen Lehre von dem, was wir unter dem Wort Gott verstehen, nämlich das Bewußtsein für seine Allgegenwart in allem Geschaffenen. Wenn wir uns selbst erkennen als Kinder Gottes, Träger der Kraft und Weisheit des unsichtbaren Schöpfers, begreifen wir, daß die Verbindung mit dieser Kraft und die Liebe zu ihr die Voraussetzung sind für die Sinnerfüllung unseres Lebens, die die Gottesoffenbarung durch uns ist.

Wer Gott wirklich liebt, liebt seine eigene und der Welt Schöpfung, er erkennt Gottes Anwesenheit in seinem Werk, und er verbindet sich mit Ihm, der alles in allem ist. Es gibt keine Möglichkeit für uns, etwas zu lieben und mit ihm die Synthese herzustellen, wenn wir es nicht erleben und nicht erkennen können.

Wir können den Versuch unternehmen, unsere Liebe auf einen Menschen zu richten, den wir nicht gesehen und nicht erlebt haben, und wir müssen erkennen, daß wir nicht von dieser Liebe verwandelt und erneuert werden. Wie können wir dann hoffen, vergöttlicht zu werden von der Liebe zu einem Bild und einer Vorstellung von Gott, die uns überliefert wird von denen, die Gott nicht in seiner Allgegenwart erkennen? Gott ist das Leben allen Lebens, die Kraft, »aus der alles gemacht ist, was gemacht ist, und ohne sie ist nichts gemacht, was gemacht ist. In ihr ist das Leben«. *Wie sollen wir denn Gott lieben, wenn wir Ihn nicht in unserer eigenen und der Welt Schöpfung erkennen.*

Wie können wir hoffen auf die Erlösung aus allen uns von Gott trennenden Vor-stellungen unserer Religionen von einem außerweltlichen Gott und Ihn erkennen als alles in allem? Wer rettet uns aus den uns verwirrenden Lehren von einem strafenden Gott und führt uns hinein in die Erkenntnis dessen, daß wir göttlichen Wesens sind und daß der Weg zu Gott hineinführt in unsere eigene und der Welt Schöpfung? Wir sind alle verlorene Söhne und Töchter Gottes, aber wir erkennen nicht, daß wir alle Erben ewigen Lebens sind.

Bewußt des Seins zu leben, ist wahres Lebensbewußtsein zu haben. Bewußt der Kraft Gottes in uns zu leben, ist im Gottesbewußtsein zu leben, und daraus entspringen von selbst die Liebe zu Gott und der Drang zur Synthese mit seiner Kraft in uns und um uns.

Die Liebe ist die neue Religion, und wenn wir sie entdekken und in die Liebe als eine Synthese mit allem Leben hineinkommen, erleben wir unsere Vergöttlichung. Sie ist identisch mit wahrer Lebendigkeit, denn da Gott das Leben allen Lebens ist, ist ein wahrhaft lebendiger Mensch gotterfüllt.

Es gibt keine Menschwerdung als Gottesoffenbarung durch uns ohne den Vollzug der Liebe zu Gottes Kraft in uns und zu der Schöpfung um uns.

Um diese uns vergöttlichende Liebe zu vollziehen, müssen wir im Augenblick leben, der Seinskraft zugewandt, die uns und alles Geschaffene durchströmt. Wir müssen aus allen Vor-stellungen von Gott befreit werden und Ihn recht erkennen als alles in allem.

Gott will in seinem Werk geliebt werden, denn hier ist Er anwesend, um dieses Werk zur Vollendung zu bringen.

4
Die Liebe, die Dauer und Gültigkeit hat

Der Mensch geht von Liebe zu Liebe in der Sehnsucht nach Erlösung aus einer inneren Einsamkeit, in der Sehnsucht nach einer wahren Gemeinschaft, und er begreift nicht, daß in seiner Sonderung von seiner Seele die Unfähigkeit liegt, zu der Seele des anderen vorzudringen und damit eine bleibende Beziehung herzustellen. Die Anziehungskraft des Körpers und des Intellekts kann nicht zu jener Liebe führen, die uns im Wesenhaften anspricht.

Der Mensch bleibt dann in seiner Seele unerlöst und deshalb nicht beständig in der Liebe. Seine unstillbare Sehnsucht nach Heimat und Geborgenheit in der Seele des anderen wird nicht erfüllt, es kommt zu einem ständigen Wechsel in den Liebesbeziehungen, und so erschöpft sich diese Art der Liebe in sich selbst und vergeht, solange der Mensch nicht in seiner Ganzheit, in der Liebe, in seiner Wahrheit, angesprochen, erkannt und angenommen wird.

Daß diese Art der Liebe bisher noch unbekannt und selten in Erscheinung getreten ist, liegt am Zustand der Sonderung des jetzigen Menschen von seiner Seele. Das was der Mensch heute als Liebe bezeichnet, ist eine vorübergehende Beziehung der Menschen zueinander in den oberflächlichen Bereichen eines Teil-Lebens im Persönlichen und Vergänglichen.

 14.455

Die Armut der Sprache kennt nur ein Wort für diese in unendlichen Variationen sich abspielenden Beziehungen der Menschen zueinander, und so ist es verwirrend und irreführend, wenn es darum geht, das Wesen und die Bedeutung einer wirklichen Liebe auszudrücken.

Das Leiden der Menschen in ihren Beziehungen zueinander, die Enttäuschungen in der Liebe, die Unfähigkeit, einander in den schöpferischen Bereichen zu entbinden, haben ihren Grund allein in der Beziehungslosigkeit des Menschen zu seiner eigenen Seele und damit in seiner Unfähigkeit, die Seele des anderen anzusprechen und zu erlösen. So weit wie der Mensch seiner eigenen Seele entfernt lebt, so fern bleibt er der Seele des anderen, und er kann folglich keine bleibende Beziehung aufbauen, die zu einer Entfaltung des Wesenhaften beiträgt.

Nur die Liebe, die nicht auf die Befriedigung der Wünsche und Begierden aus ist, sondern auf die Erfüllung und die Erlösung der inneren Kräfte des Wesens des anderen, hat Dauer und Gültigkeit und trägt bei zur Verwandlung und Erneuerung des Menschen, zur Heilung und Erlösung der in ihm liegenden schöpferischen Energien.

Der seelisch lebendige Mensch liebt aus seiner Seele, er sucht die Begegnung mit der spirituellen Wirklichkeit des anderen, er will das Göttliche als die Wahrheit des Geliebten entbinden und in sein Bewußtsein hineinleiten, auf daß der Mensch sich seines Wertes und seiner Einmaligkeit bewußt wird und in sich selbst das Zentrum seines Lebens findet.

Aus dem Bewußtsein seiner Seele lebend, ist der Mensch ein wahrhaft Liebender, ein sich mit der Kraft des

Ursprungs in allem Lebendigen Verbindender, ein Genie des Herzens, der erlösende und heilende Kraft ausstrahlt.

Mit der inneren Entwicklung eines Menschen verändert sich seine Beziehung zu seinen Mitmenschen wie zu der Schöpfung. Der Mensch wächst mit der Einbeziehung seiner Wahrheit in sein Leben in eine immer tiefere Beziehung zu seiner Umwelt hinein. Er sucht die Verbindung mit der Seele seiner Mitmenschen wie mit der Schöpfung um sich, und er kann nur durch eine solche Verbindung befriedigt werden.

Da die Ansprechbarkeit der Menschen für eine solche Beziehung nicht entwickelt ist, findet der seelisch lebendige Mensch selten einen Partner für seine Fähigkeit zu lieben. Er liebt Gott, und Gott hat noch keinen Platz gefunden im Leben dieser Menschheit, die dem Ego verhaftet lebt und nur die Befriedigung ihrer Wünsche und Begierden verlangt. So erleben die Menschen diese rauschhaften Zustände einer Pseudo-Liebe, die sie fälschlicherweise als Liebe bezeichnen und die nicht beitragen zu der Erlösung der im Menschen wesenden schöpferischen Kräfte. Der Mensch wandert von einer Liebesbeziehung zur anderen, und was er heute liebt, verläßt er morgen bereits in einer Enttäuschung, auf eine nächste Begegnung hoffend, die ebenfalls unwirksam und ohne Ansprache im Wesenhaften bleibt.

Die Liebe, die Leben bewirkt und erweckt, ist jene Liebe, die aus dem in uns wesenden Leben aus dem Ursprung entsteht. Sie umfaßt alles Lebendige und ist deshalb überpersönlich und will nichts als die Begegnung mit dieser überpersönlichen Kraft des Schöpfers in allem Geschaffenen.

Wo es zu einer solchen Begegnung kommt, entsteht eine

Liebesbeziehung, die zutiefst eine Lebensbeziehung ist, ein Austausch von Leben aus dem Leben selbst. Der Mensch fühlt sich angenommen und erkannt in dem, was er eigentlich ist, Kind göttlichen Seins, und hieraus entfaltet er die in seiner Schöpfung manifestierte Schöpferkraft, und er findet in sich selbst das Zentrum; aus ihm vermag er zu wirken und es in seinen Mitmenschen anzusprechen.

So lebt er in der Liebe als der Synthese mit dem Leben aus dem Ursprung allen Lebens, und er erkennt, daß die wahre Liebe identisch ist mit Leben. Erst der, der liebt, ist im Leben und kann Leben erwecken.

III
Das Irdische und das Ewige

1
Wundervolle Schöpfung

Wie können wir in dieser wundervollen Schöpfung leben, ohne an Gott zu glauben, an jene unsichtbare Schöpferkraft, »aus der alles gemacht ist, was gemacht ist, und ohne sie ist nichts gemacht, was gemacht ist«? Wie können wir den Frühling erleben, diese Explosion von Energien aus unsichtbaren Bereichen, die den Wachstumsprozeß in allem Geschaffenen in Gang setzt und in kurzer Zeit das Gesicht der Erde verwandelt, ohne diese geheimnisvolle Kraft anzubeten, sie über alles zu lieben? Mögen wir diese Kraft nennen, wie wir wollen, wir müssen sie in allem Leben in uns und um uns erkennen und uns ihrem Wirken in Ehrfurcht und Bewunderung zuwenden. Wenn wir morgens aufwachen, erleben wir, wie während des Schlafes diese unsichtbare Kraft uns aufgeladen hat, wie in uns neues Leben sich regt, neue Freude uns erfüllt über diese uns innewohnende Energie, die in uns ständig am Werke ist, wie sie in aller Schöpfung um uns ohne Unterlaß wirkt.

Ich bin, das Sein in mir, die Schöpferkraft, ist das Wunder und Geheimnis meines Lebens, das Zentrum, aus dem ich schöpfen muß, um lebendiger und vollmächtiger zu werden.

Ob wir dieses Zentrum Gott nennen oder unsere Seele, den Schöpfergeist oder die Entelechie, es bleibt das undurchdringliche Geheimnis, das wir mit unserem Verstand niemals erforschen können, denn Gott ist der Schöpfer unseres Verstandes, und so unterliegt unser Geist diesem Geist des Schöpfers, und wir müssen uns in seinen Dienst stellen, um in die Macht unserer Kindschaft zu Ihm hineinzuwachsen.

Das Geheimnis des Lebens liegt enthüllt in der uns umgebenden Schöpfung; wir können es erkennen in jedem Baum, in jeder Blume. Das fortwährende Ruhen in der Seinskraft, aus der alles Geschaffene hervorgeht, ist das Geheimnis eines sinn-erfüllten Lebens.

Auch für das Geschöpf Mensch führt kein anderer Weg zur Menschwerdung im Sinne des Schöpfers als über das Ruhen in der Kraft, aus der es hervorgegangen ist, als über den Glauben an ihre nie aussetzende Anwesenheit in sich. »Bleibet in mir und ich in Euch, und Ihr werdet viel Frucht bringen, denn ohne mich könnt Ihr nichts tun!« Dieses ist die für alle Schöpfung gültige Aussage des unsichtbaren Schöpfers.

Begreifen wir unsere geschöpfliche Situation, so begreifen wir auch unsere Abhängigkeit von unserer Einheit mit dem Schöpfer, soll seine Schöpfung zur Vollendung gelangen und ihren Sinn erfüllen. *Gott zu lieben, ist deshalb nicht eine religiöse Angelegenheit unseres Lebens, sondern unsere Lebensangelegenheit schlechthin.* Wir sind als Menschen in dem Maße lebendig und vollmächtig, wie wir Gott lieben und die Synthese mit dem Ursprung und Schöpfer herstellen.

Es gibt keine Möglichkeit für den Menschen, ohne die Einbeziehung dieser Kraft in sein Bewußtsein, ohne die liebende Hinwendung zu seiner spirituellen Wirklichkeit und ohne die Gehorsamkeit gegenüber ihren Weisungen sich als Mensch im Sinne des Schöpfers zu entfalten.

Wie ein Baum oder eine Blume sich nur weiterentwickeln und ihren geschöpflichen Sinn erfüllen durch das Verbleiben in ihren Wurzeln, durch das Leben aus dem in ihnen wesenden Schöpferprinzip, so kann auch der Mensch sich nur als Mensch entwickeln, wenn er in der Kraft des Schöpfers verbleibt, die seine Seele ist, seine spirituelle Wirklichkeit.

Daß diese Verbindung mit dem Ursprung möglich ist, können wir aus dem Leben der Heiligen und der Mystiker erkennen. Sie zeugen in dem Maße ihrer Hinwendung zu dem Schöpferprinzip in sich von seiner Anwesenheit in ihrem Leben, lassen es auf sich wirken und strahlen so seine Kraft zum Heil ihrer Umwelt aus. *Alle heilende und erleuchtende Kraft, die von dem gott-verbundenen Menschen ausgeht, beweist die Möglichkeit, seinen geschöpflichen Sinn zu erfüllen als ein Gott offenbarendes Geschöpf. Was Gott geschaffen hat, trägt in sich die sinn-erfüllende Kraft.* Dieses gilt auch für den Menschen, aber da der Mensch als höchste Schöpfung Gottes ein Geistwesen ist, muß sein Geist mit dem Schöpfergeist verbunden bleiben, soll er seine Aufgabe, diesen Schöpfergeist durch sich zu offenbaren, erfüllen.

Bleibt der Mensch in der Enge seiner Willkür und Vergänglichkeit, ohne Bewußtsein für seine Wahrheit als Träger des Schöpfergeistes, ohne Gehorsamkeit gegenüber seinen

Weisungen, dann unterbricht er selbst das schöpferische Geschehen in sich und kommt so unter den Fluch des verlorenen Sohnes; er erntet Not, Verderben, Entartung, Sinn-losigkeit und Tod. »Der Sünde Sold ist der Tod.« Wer sich von seinem Ursprung sondert, sondert sich von dem Leben, das ihn lebendig macht.

2

Die Spaltung des Menschen von seiner Seele

Die Psychotherapie kann erst dann Erfolg haben und den aus seinem geschöpflichen Gleichgewicht gefallenen Menschen in seine Heilheit hineinführen, wenn sie ihn zu dem Bewußtsein seiner Wahrheit erweckt als Träger der ihn heilenden Kraft seiner spirituellen Wirklichkeit und ihm die Notwendigkeit seiner Sammlung auf diese Kraft verständlich macht.

Ein Psychotherapeut, der nicht zu dieser Kraft in sich erwacht ist und sie nicht in sein Leben einbezieht, nicht von ihr geführt wird, kann sich mit allen seinen Behandlungen und Gesprächen nicht zum Heil seiner Mitmenschen auswirken. Seine Beschäftigung mit der Vergangenheit seines Patienten, der Versuch, seine Träume zu analysieren, seine Kindheitserlebnisse zu durchforschen, seine geheimen Wünsche und Triebe ans Tageslicht zu bringen, aktivieren nicht die in ihm liegende heilende Kraft seiner spirituellen Wirklichkeit, seiner Seele, und erweisen sich als der Versuch, den Teufel mit dem Teufel austreiben zu wollen, d.h. die in ihm angesammelten negativen Folgen seiner Sonderung von seiner Seele ans Licht zu zerren in der Hoffnung, sie dadurch zu überwinden.

Aber solange diese Sonderung von seiner existentiellen Wahrheit währt, solange der Mensch sich der in seiner

Schöpfung manifestierten Schöpferkraft nicht bewußt ist und nicht nach ihren Weisungen lebt, bleibt die Kränkung dieser Kraft bestehen und damit die Störung des inneren Gleichgewichts, was zu Neurosen und psychischen Krankheiten führt. Wie sich diese Neurosen äußern, ist bedingt durch die Sensibilität des betreffenden Menschen für die in ihm verdrängten, in unbewußte Bereiche abgeschobenen Kräfte seiner Seele. Gelingt es ihm, in Form von Ablenkungen durch selbstgesetzte Ziele und durch die Verlagerung seines Lebens in die Erscheinungswelt die Not seiner Seele ohne Einbruch in sein Bewußtsein zum Schweigen zu bringen, so geht der Mensch scheinbar ohne große innere Erschütterungen durch das Leben und hält sich fälschlicherweise für gesund und normal.

Aber es bleibt eine Tatsache, daß kein Mensch ohne Einbeziehung seiner spirituellen Wirklichkeit als ein gesunder, als ein heiler Mensch angesehen werden kann. Erst der Heilige als der in seiner Schöpfung heile Mensch, der mit der Kraft des Schöpfers in sich verbundene Mensch, ist als gesund und normal anzusehen. *Dieser Mensch ist die Norm des Menschen, der fähig ist, seinen geschöpflichen Auftrag als jene zu offenbarende Kraft des Schöpfers, aus der er geschaffen ist, zu erfüllen.* Ist der Mensch sich dieser Kraft in sich bewußt geworden und verbindet er sich in Liebe und Anbetung mit ihr, so ist er aus dem krankmachenden Zustand der Spaltung von seiner Wahrheit erlöst.

Der Mensch wird nicht von Kindheit an erzogen zu der Erkenntnis seiner geschöpflichen Situation, die ihn unlöslich bindet an die Kraft, aus der er hervorgegangen ist, soll seine

Schöpfung sich nach der Konzeption des Schöpfers entfalten, Ihm zur Offenbarung.

Die geschöpfliche Verkehrtheit, in der diese Menschheit verharrt, zwingt jedes Kind von neuem zur Anpassung an diese Verkehrtheit und treibt es somit hinein in die Schizophrenie, in diese es verderbende Spaltung zwischen Körper und Seele, aus der alle seine Störungen entstehen. Da die Seele die menschbildende Kraft des Schöpfers in uns ist, kann der Mensch nur in die Menschwerdung nach dem Sinn des Schöpfers hineinkommen, wenn er in der Verbindung mit seiner Seele lebt, wenn er zum Bewußtsein ihrer Gegenwart in seiner Schöpfung erwacht und im Glauben und im Vertrauen auf sie ausgerichtet lebt.

Allein der seelisch lebendige, aus dieser Kraft lebende Mensch ist deshalb befugt, dem seine Seele nicht erkennenden Menschen den Weg des Heils und der Gesundung zu zeigen. Er ist im eigentlichen Sinne der wahre Psychotherapeut, der Diener und der Behandler des gestörten, von Neurosen und Krankheiten geplagten Menschen. Er weiß, was not-wendig ist, um die mannigfaltige Not des Menschen in seiner Sonderung von seiner Wahrheit aufzuheben.

Begreifen wir dieses, erkennen wir, daß nur der in sich heile, mit der Kraft des Schöpfers in sich verbundene Mensch heilend wirken kann, so begreifen wir auch die erschütternde Unwirksamkeit der heutigen Psychotherapeuten, die mit den Mitteln ihrer Verstandeskräfte und nach den Methoden der herrschenden Psychologie das gestörte Gleichgewicht zwischen innen und außen, zwischen Schöpferkraft und Schöpfung, herzustellen versuchen.

Ein Psychotherapeut, dem sich ein Mensch in seiner Not zuwendet, sollte zuerst dessen Leben auf sich wirken lassen, um zu erfahren, ob er in sich heil, mit jener Dimension in sich verbunden ist, die allein Zugang hat zu dieser Dimension bei seinen Patienten und deshalb in der Lage ist, sie anzusprechen. Es nützt dem Menschen, der von der inneren Heilkraft gesondert lebt, nichts, in endlosen Gesprächen sein bisheriges Leben auszubreiten und in sein Bewußtsein alle Nöte und Verhängnisse seines ungeordneten Daseins hereinzunehmen und konfrontiert zu werden mit seiner Ohnmacht, sein Leben sinnvoll zu gestalten, sofern er nicht die Ursache seiner Fehlhaltungen als natürliche und unvermeidbare Folgen seiner Sonderung von seiner spirituellen Wirklichkeit erkennt.

Es nützt dem verlorenen Sohn nichts, daß er über alle seine Irrwege nachdenkt und alle Stationen seines Versagens, das Gute und Richtige zu tun, in sein Bewußtsein hebt, da doch das ihn aus aller Not Rettende allein darin liegt, daß er sich erinnert, wer er ist, daß er sich selbst erkennt als Kind göttlichen Seins und die Umkehr zu dem Ursprung vollzieht. *Seine Not entspringt seiner Sonderung von dem Schöpfer und Urheber seines Lebens, folglich muß diese Sonderung aufgehoben werden, bevor die heilenden Kräfte schöpferischen Lebens entbunden werden können.*

Solange die Psychologie, die Psychiatrie und die Psychotherapie aus dem Intellekt des Menschen ihre Erkenntnisse und Behandlungsmethoden entwickeln, können sie nur Scheinerfolge hinsichtlich der Heilung des gestörten Menschen erzielen, und es kommt immer wieder zu Rückfällen und neuen Zeichen des gestörten Gleichgewichts zwischen Körper und Seele. Davon zeugt in erschütternder Weise das Leben dieser Menschen selbst, die sich als Heiler ausweisen, ohne in sich selbst das Heil zu erreichen, ohne zu erkennen, wie es eigentlich erst zur Heilung eines Menschen kommen kann.

Wenn wir erkennen, daß nur der Heilige als der in sich heile Mensch sich zum Heil seiner Mitmenschen auswirken kann, so erkennen wir auch das erschütternde Versagen und die traurige Ohnmacht unserer jetzigen Methoden der auf der Basis der willkürlichen Geistigkeit des Menschen entwickelten Heilweisen.

Unsere medizinische Wissenschaft, die sich mit der Heilung von körperlichen und geistigen Krankheiten beschäftigt und immer neue Entdeckungen macht, die unserem Heil dienen sollen, erweist sich als unfähig, diese Menschheit aus dem Hexenkessel ihrer ständig neu entstehenden Störungen und Entartungen zu erlösen. Ihre gigantischen Anstrengungen, ihre rastlosen Forschungen und Bemühungen, den wachsenden Nöten und Krankheiten der Menschen beizukommen, haben nur Teilerfolge erzielt, weil die aus den begrenzten Mitteln ihrer Verstandeskräfte arbeitenden Wissenschaftler nicht zu der Erkenntnis der tiefen Ursache aller Verderbnisse und Entartungen menschlichen Lebens erwacht sind. Das uns allein Heilende liegt in der Erwekkung zu dieser in unserer Schöpfung anwesenden Kraft des Schöpfers und in ihrer Einbeziehung in unser Leben.

3
Der Mensch der Sonderung

Alles, was wir mit dem Namen Magie, Parapsychologie, übersinnliche Wahrnehmungen oder dergleichen bezeichnen, das sogenannte Übernatürliche, ist Natur auf einer anderen Bewußtseinsstufe. Die stets anwesende Schöpferkraft bricht in das Bewußtsein eines Menschen hinein und läßt ihn zu ihrer Offenbarung werden, läßt ihn als Träger über-natürlicher Kräfte hervorkommen, wodurch er den Mystikern, Propheten und Eingeweihten zugeordnet wird. Da diese allem Lebendigen mitgegebene Schöpferkraft in sich neutral ist, können wir sie auch in den Dienst unserer Willkür stellen, und damit verursachen wir das Unheil, kommen wir unter das Verderben des geschöpflich verkehrt lebenden Menschen, dem Fluch des verlorenen Sohnes unterstellt.

Wenn wir erkennen, daß das Böse, das in der Welt durch uns Menschen verursacht wird, seine Ursache hat in der Inanspruchnahme der in uns wesenden Schöpferkraft für die Durchsetzung unserer Willkür, werden wir diese Menschen, die Unheil zeugen, begreifen als geschöpflich verkehrt lebend, als Menschen, die die ihnen innewohnende Schöpferkraft mißbrauchen und wider Willen das Böse zeugen. Es gibt keine Herrschaft des Teufels, denn der Mensch selbst als höchste Schöpfung Gottes wirkt sich teuflisch, wider-

14.868

göttlich, aus, wenn er, anstatt sich mit der Kraft Gottes zu verbinden und ihr zu dienen, diese Kraft in den Dienst seiner Willkür stellt.

Da die meisten Menschen nie zu der Bewußtwerdung dieser Kraft in ihrer Schöpfung aufwachen, bleiben sie gesondert von ihr, und es kommt nicht zu der Aktivierung dieser Kraft in ihrem Leben. Sie bleiben ohne Aufbruch schöpferischer Kräfte und leben ihr Leben außerhalb ihrer Wahrheit.

Sobald aber der Mensch sich der in ihm wesenden Schöpferkraft bewußt wird und sich auf sie sammelt, beginnt er, sich zu unterscheiden von den um diese Kraft nicht wissenden Menschen, und er wird als von Gott geführt oder vom Teufel besessen gelten, je nachdem, ob er sich in den Dienst der Schöpferkraft stellt, oder ob er diese für willkürliche Zwecke einsetzt.

Der gute, der gotterfüllte Mensch wirkt sich heilend aus; der böse, der gottlose Mensch bewirkt das Unheil. Darin liegt nichts Magisches, sondern es ist zu erklären aus der Einstellung des Menschen zu der in seiner Schöpfung manifestierten Kraft des Schöpfers. Gut kann der Mensch nur werden durch die Annahme des Göttlichen in sich, weshalb Jesus auch die Anrede »guter Meister« ablehnte und den betreffenden Menschen berichtigte, indem er sagte: »Warum nennst Du mich gut? Niemand ist gut außer Gott allein.«

Es ist die Kraft Gottes in uns, die uns zu guten, zu göttlich bewirkten Menschen macht, und es ist ebenfalls diese Kraft Gottes in uns, die, wird sie von uns willkürlich benutzt, uns zu bösen, das Unheil bewirkenden Menschen macht. Wenn wir dieses begreifen, daß unserer Schöpfung die Kraft des Schöpfers als die die Menschwerdung bewirkende Kraft innewohnt, begreifen wir auch, daß diese Kraft in uns herrschen muß, daß wir als Geschöpfe uns in ihren Dienst stellen müssen, soll der Sinn unseres Lebens aufgehen und sollen wir zu ihrer Offenbarung hervorkommen.

Die Menschwerdung als die Offenbarung Gottes durch uns wird erst möglich durch die ausschließliche Herrschaft Gottes in uns. Herrscht der Mensch selbst über seine Schöpfung, so kommt er unter das Verhängnis einer unterbrochenen Schöpfung und geht mit allem, was er von sich aus tut, sinn-los zugrunde.

Daß der Mensch aus diesem Zustand seiner geschöpflichen Verkehrtheit eine erstaunliche Welt aufbauen kann, auf die er stolz ist, beweist nicht, daß er in der Menschwerdung nach der Konzeption des Schöpfers steht. Wir erleben, daß diese Welt des Menschen ständig in sich zusammenbricht, daß sie nicht die Menschwerdung im Sinne des Schöpfers bewirkt. Wir müssen daraus folgern, daß wir die geschöpfliche Richtigstellung gegenüber dem Schöpfer und seiner Kraft in uns nicht einnehmen. Eine wahrhaft menschliche Entwicklung im Sinne des Hervorkommens eines spirituell lebendigen Menschen ist nicht erkennbar. Der Mensch befindet sich in einer Fehlhaltung dem Schöpferprinzip gegenüber, und alles, was er in diesem Zustand tut, ist verderblich und zeugt eine unheile Welt. Wir benutzen die Kraft des Schöpfers, aber wir lassen uns nicht von ihr beherrschen. Wir ruhen nicht in der Seinskraft, und wir erleben auch nicht, daß wir seins-mächtig, optimal lebendig werden.

Alles Heil in unserer Welt entsteht aus dem Einbruch des Heiligen in unser Leben, welchen Namen wir ihm auch geben mögen. Nur dürfen wir es nicht als übernatürlich bezeichnen, sondern wir müssen es erkennen als Natur auf einer höheren Ebene. Auch das Dämonische, das Widergöttliche, erklärt sich aus der geschöpflichen Verkehrtheit des Menschen und ist in sich selbst keine selbständige Kraft.

Wird diese Verkehrtheit aufgehoben, beginnt die Selbstoffenbarung des Guten durch uns; denn da der Mensch ein Geschöpf Gottes ist, ist er wesenhaft gut. *Nur aus der Bewußtlosigkeit gegenüber diesem Göttlichen entsteht das Böse.*

4
Städte

Es ist die Bewußtwerdung für die Kraft des Schöpfers, die in uns und in der Schöpfung um uns Leben bewirkt und die notwendig ist, auf daß wir uns mit ihr verbinden können, um an ihren lebengebenden Kräften teilzunehmen. Ohne Bewußtsein der Gegenwart dieser Kraft in uns und um uns leben wir gleichsam teilnahmslos mitten in der unerschöpflichen Fülle ihrer Ausstrahlung.

Daß die Menschen sich in den Städten, fern der Natur, ansiedeln und hier ihr Leben verbringen, ohne Verbindung mit der Schöpfung, beweist ihre seelische Unlebendigkeit. Der Mensch ohne kosmisches Bewußtsein, ohne Erleben seiner Zugehörigkeit zu der geschöpflichen Welt, wie sie sich in der Herrlichkeit der Schöpfung manifestiert, versucht in den Städten mit ihren Ablenkungen und Zerstreuungen einen Ersatz zu finden für das verlorene Paradies. Hier ist er dem Erleben seiner seelischen Entfremdung enthoben, hier findet er Geselligkeit und rettet sich in Beschäftigungen und in ein rastloses Tun, das ihn die Seins-ohnmacht, in der er lebt, nicht spüren läßt.

Diese innere Armut und seelische Unlebendigkeit, unter denen die Menschheit leidet, sind leichter zu ertragen in der Hektik der Städte, die auf allen Ebenen des menschlichen Lebens ein Ersatzleben bieten. Nur nicht zur Besinnung

13.865

aufwachen, nur nicht allein gelassen werden, nur nicht nach dem Sinn des Lebens fragen, sondern sich anpassen und angleichen an die hier herrschenden Vor-stellungen vom Leben, sich ohne Auflehnung der zugewiesenen Arbeit widmen, sich in die Gesellschaft einordnen, sich nicht beunruhigen mit Zweifeln an den hier angenommenen Werten und Sinngebungen, alles hinnehmen, wie gewohnt, kein Spielverderber sein, das ist die Aufgabe des Menschen in einer Gemeinschaft, die keiner wesenhaften Beziehung mehr nachgeht.

So setzt sich der Amoklauf dieser ihrer wahren Identität beraubten Menschheit fort, bis sie vor der Ausweglosigkeit ihres Teil-Lebens im Vergänglichen steht und erkennen muß, daß ihre stolze Zivilisation und ihre Kultur dem wirklichen Leben nicht dient, die Menschwerdung nicht fördert, daß ihr sogenannter Fortschritt als ein Rückschritt in ihrer menschlichen Entwicklung anzusehen ist.

Solange der Mensch in der Bewußtlosigkeit gegenüber seiner spirituellen Wirklichkeit fixiert lebt und damit aus der lebengebenden Verbindung mit dieser Wirklichkeit in allem Geschaffenen fällt, solange versucht er, die Leere und die innere Einsamkeit, denen er ausgeliefert ist, mit einem Pseudo-Leben auszugleichen. Das erklärt die erschreckende Entwicklung einer Vergnügungsindustrie wie auch das gigantische Ausmaß an Ablenkungen, die unsere Kultur anbietet und die der Mensch dankbar akzeptiert, ohne zu erkennen, daß dieses alles Ersatz ist für das Leben aus dem Leben selbst, das er verloren hat. Heimatlos irrt der Mensch in einer Scheinwelt umher und erkennt nicht, daß er nicht wirklich lebt, und er dringt nicht durch das Vergängliche hindurch zu dem Unvergänglichen in sich wie um sich.

Das Leben als die göttliche Seinskraft in sich selbst zu erkennen und anzunehmen, heißt, zu der Einheit allen Lebens im Ursprung vorzudringen, wo die Fülle des Lebens auf uns wartet und unsere Freude vollkommen wird.

Wenn der Mensch aufwacht zu seiner geschöpflichen Beziehung zum göttlichen Ursprung allen Lebens, wacht er auch auf zu seiner Zugehörigkeit zu den Kräften, die in der Schöpfung um ihn wirksam sind, und damit wird er von Energien bewirkt, die ihm bis dahin nicht zugänglich waren.

Mit zunehmender Erlebnisfähigkeit für die in allem Geschaffenen wirkenden Schöpferkräfte verlagert sich der Mensch von der Außenwelt zur Innenwelt, er erkennt das Äußere der Schöpfung als Träger für die unsichtbare Kraft des Schöpfers, und er verbindet sich mit ihr. Aus dieser unsichtbaren Schöpferkraft schöpft der seelisch lebendige Mensch seine Inspiration und Freude am Leben. Er wird erlöst aus der Verhaftung an die Erscheinungswelt und wächst hinein in die Beziehung zu der Kraft, aus der alle Erscheinungen hervorgehen.

Damit ist der Mensch zu dem Geheimnis der Mystik vorgedrungen, die wir als die Verbindung des Menschen mit der Kraft des wirklichen Lebens erkennen müssen. Der Mystiker ist demnach in dem eigentlichen Sinne ein seelisch wachgewordener Mensch, der seine Zugehörigkeit zu der Seele aller Dinge erlebt und somit ein kosmisches Bewußtsein entfaltet.

In der Geschichte der Mystiker erleben wir verschiedene

Grade der seelischen Lebendigkeit, bis zur Wiedergeburt des Menschen als dem Hineingeborenwerden in seine Wahrheit, die seine Seele als seine spirituelle Wirklichkeit ist. Das ist der Mensch in Christus, der von sich bekennen kann: »Ich und der Vater sind eins, wer mich sieht, der sieht den Vater, der mich gesandt hat.« Daß Jesus in eine Bewußtseinsstufe hineingekommen war, für die der seelisch unlebendige Mensch keine Erlebniskräfte aufbringen konnte, ist verständlich. Er mußte als ein Gott angesehen werden, oder man mußte ihn als einen Gotteslästerer verdammen. Daß wir Jesus als Sohn Gottes verehren, mit uns nicht vergleichbar, liegt daran, daß wir das Geheimnis seines Lebens noch nicht erkannt haben. Er drang vor zu seiner Wahrheit, er sah sich als von Gott geschaffen, als Träger des ewigen Lebens. Würden wir uns selbst in unserer geschöpflichen Situation erkennen, so wären wir erlöst aus dem jetzigen Teil-Leben, das wir führen.

5
Die Überwindung der Sucht

Solange der Mensch nicht zum Glauben an die in seiner Schöpfung wirkende Kraft des Schöpfers aufgewacht ist und nicht in der An-betung dieser Kraft lebt, leidet er an einem gefährlichen Mangel an schöpferischen Kräften, und so greift er in diesem Zustand zu Mitteln, die ihn stimulieren und aufladen sollen. Das Angebot an solchen Mitteln wächst fortwährend, und sie tragen bei zum Verderben der Menschen, lassen sie Opfer werden von Süchten, die sie abhängig machen. Der Mensch als Geschöpf kann ohne die Verbindung mit der Kraft, aus der er geschaffen ist, nicht gedeihen; er bleibt ohne die bewußte Hinwendung zu seinem Ursprung unter dem Fluch einer unterbrochenen Schöpfung.

Es hat keine Aussicht auf Erfolg, den von seinem Ursprung gesonderten Menschen von diesen Mitteln unabhängig zu machen; denn das, was allein helfen kann, ist die Bewußtwerdung der in seiner Schöpfung anwesenden Kraft des Schöpfers und die Umkehr zu dieser Kraft. Sie allein ist die uns innewohnende Lebensenergie, die uns unerschöpflich zur Verfügung steht, wenn wir uns ihr im Glauben und im Vertrauen zuwenden. Es kann keine andere Möglichkeit für uns geben, aus den Erschöpfungen und Depressionen eines von unserer Wahrheit gesonderten Lebens herauszu-

14.073

kommen, als allein durch die Einbeziehung dieser Kraft in unser Bewußtsein.

Deshalb ist die Überwindung der Sucht, der Abhängigkeit von Stimulanzien – in welcher Form auch immer –, nur dadurch möglich, daß der Mensch sich selbst als Träger der Schöpferkraft erkennt und sich auf diese Kraft ausrichtet. In der Unwissenheit um diese Kraft lebend, ist er einem Teil-Leben im Vergänglichen und Willkürlichen ausgeliefert, und er erlebt die Ohnmacht und das Versagen, aus sich selbst im Wesenhaften die Kraft zu schöpfen, die ihn täglich erneuert, belebt und beseelt. Der süchtige Mensch ist ein Opfer seiner Sonderung von seinem Ursprung, und solange diese Sonderung währt, bleibt der Mensch anfällig für die verschiedenen Angebote, die diese Menschheit ersonnen hat, um den Mangel an Kontakt mit der uns mitgegebenen Schöpferkraft zu überspielen. Alkohol, Nikotin, Drogen, Sexualität, Freizeitbeschäftigungen sinnloser Art werden als Ersatz für das Ruhen in der Verbindung mit dem wahrhaftigen Leben angeboten, und sie treiben ihn immer weiter auf dem Weg der Gottlosigkeit.

Da die ganze Menschheit unter dem Fluch der Selbstentfremdung lebt, dem Irregehen und der geschöpflichen Verkehrtheit des verlorenen Sohnes ausgeliefert, ist das Geschäft mit den Stimulanzien ins Uferlose angewachsen, und jeder Mensch ist in irgendeiner Form von ihnen abhängig, um seinem Leiden und seinem Verdruß an dem Pseudo-Leben, das er führt, zu entkommen.

Der Mensch ist auf der Flucht vor der Erkenntnis der Notwendigkeit seiner geschöpflichen Richtigstellung gegenüber dem Schöpfer, er wird aus der Sonderung von dem ewigen Leben in sich von Not und Verderben heimgesucht, ohne sich dem Anruf dieser Not zu stellen und ohne zu fragen, was ihm not tut, was ihn den Erschöpfungen und Depressionen, Krankheiten und Entartungen anheimfallen läßt.

Die Stumpfheit und die erschütternde Gleichgültigkeit, mit denen der Mensch sein erbärmliches, ohnmächtiges Pseudo-Leben, losgelöst vom Ursprung, erträgt, schreien zum Himmel. Wie kann der Mensch sich abfinden mit der Tatsache, daß er als höchste Schöpfung Gottes in dieser Welt ein solch erbärmliches Dasein führt, daß er, in sich unheil und unmenschlich, sich zum Unheil allen Lebens um sich auswirkt, ohne aufzuwachen zu dem Bewußtsein für sein Teil-Leben im Vergänglichen, losgelöst von der Kraft, aus der er geschaffen ist und die allein seine Menschwerdung bewirken kann, die wir als Offenbarung dieser Kraft durch ihn erkennen müssen.

Erschrocken über die unaufhaltsame Zunahme des Verderbens menschlichen Lebens durch seine Anfälligkeit für alle Mittel zur Vertreibung innerer Nöte, versucht man, Verbote und Restriktionen zu erlassen, die die Befriedigung der Sucht erschweren sollen.

Aber diese Maßnahmen treffen nicht die Ursache des Übels und helfen dem Menschen nicht heraus aus seiner Selbstentfremdung, stellen ihn nicht richtig gegenüber der ihm innewohnenden Kraft seiner spirituellen Wirklichkeit. Der Mangel an Verbindung mit dieser Kraft bleibt bestehen und zwingt den Menschen, einen Ersatz zu suchen für ihre ihn belebende und erneuernde Wirkung. So entsteht Abhängigkeit bis zur Süchtigkeit, da der Körper versklavt wird unter den ihm aufgezwungenen Giften und langsam aus Mangel an dem Einstrom schöpferischer Kräfte zugrunde geht.

6
Irdischer Wohlstand

Alle Veränderungen im Äußeren, alle Errungenschaften zur Verbesserung der menschlichen Verhältnisse, alle Dinge, die der Mensch erkämpft, um den Lebensstandard zu erhöhen, bleiben zutiefst ohne erlösende und heilende Wirkung auf die im Menschen wesende Kraft seiner Wahrheit. So können sie ihn nicht befriedigen, ihm nicht den ersehnten Frieden mit sich selbst bringen, seine innere Entwicklung nicht fördern.

Der Mensch bleibt in der Menschwerdung unterbrochen und kann seine geschöpfliche Aufgabe nicht erfüllen, solange er als Sinn und Ziel seines Lebens nur die Verbesserungen seiner äußeren Verhältnisse sieht und nur auf die Menschenrechte pocht, die ihm zustehen, aber seine geschöpfliche Pflicht nicht erkennt und die Kraft des Schöpfers nicht durch sich hindurchläßt.

So bleiben alle Errungenschaften im sozialen Bereich, aller Kampf um soziale Gerechtigkeit zutiefst ohne die ersehnten Erfolge, und sie bringen dem Menschen nicht das Glück und den inneren Frieden, machen ihn im wirklichen Sinne nicht menschlicher.

Das Wort Jesu: »Suchet und trachtet zuerst nach dem Reiche Gottes und nach seiner Gerechtigkeit, und so wird Euch solches alles zufallen« (Matth. 6.33), läßt deutlich

14.789

werden, auf welche Weise der Mensch zu dem kommt, was er zu einem Leben im Frieden mit sich selbst und seiner Welt braucht und ersehnt.

Wer das Reich Gottes versteht als das Reich des von dem Schöpfer ausgehenden Lebens, wer sich selbst erkennt als Träger der Schöpferkraft und sich dieser Kraft in sich zuwendet, nach ihren Weisungen lebt, der wird in die Macht seiner Kindschaft zu Gott hineinwachsen und damit die Einheit allen Lebens im Ursprung erkennen und die Fülle des Lebens haben. *Der Gerechte im Sinne des vor seinem Schöpfer richtiggestellten Menschen ist ein in sich im Frieden lebender Mensch, und mit der Anziehungskraft des Bezüglichen wird er alles Gute anziehen.* Den Menschen zu seiner Wahrheit, zu der Kraft des Schöpfers in Offenbarung, zu erwecken, ist der Weg, der zu seinem Heil führt.

Der Wert des Menschen besteht nicht in der Errungenschaft von Wohlstand und Reichtum, sondern allein in der Erkenntnis seiner Urbeziehung zu dem Schöpfer und der daraus folgenden Teilnahme an dem ewigen, dem von Gott ausgehenden Leben. Könnte der Mensch an diese Kraft des Schöpfers in sich angeschlossen leben, wäre er in der Gemeinschaft allen Seins, seine Freude wäre vollkommen. Die Liebe im Sinne einer stets erlebten Synthese mit allem, was lebt, wäre ein Zustand seines Lebens, und der Einstrom schöpferischer Kräfte und Klarheiten würde nie aussetzen. Der Mensch würde das Leben, die Schöpferkraft, in sich selbst bewußt erleben, und er hätte über sie Zugang zu allen ihren Offenbarungen.

Der Mangel an Gott ist Mangel an Leben aus der Un-

erschöpflichkeit des ewigen Lebens. Er führt mit Notwendigkeit zu ständigen Spannungen und Konflikten. Der Mensch bleibt unter dem Fluch der Selbstentfremdung und des Irrens im Vergänglichen, bis auf den Tag der Entdeckung der in seiner Schöpfung wesenden Kraft des Schöpfers, die ihn erst die Einheit allen Seins im Ursprung erleben läßt.

In dieser Einheit lebend, hat der Mensch die Fülle des Lebens, und seine Freude ist vollkommen. Er sucht hier zuerst und vor allen Dingen nach der Verbindung mit dem Reich göttlichen Seins in sich und weiß sich über dieses Reich verbunden mit allen Offenbarungen dieses Reiches. So steht er in dem ständigen Einstrom des wirklichen Lebens, und er nimmt zu an Lebendigkeit und Vollmacht. Von ihm gilt das Wort: »Wer den Sohn Gottes hat [wer seine Sohnschaft zu Gott erkennt], der hat das Leben; wer den Sohn Gottes nicht hat, der hat das Leben nicht.«

Weil die Menschheit auf dieses Leben Gottes in sich nicht ausgerichtet lebt, ist sie aus dem Paradies als aus dem von Gott gegebenen Leben ausgeschieden und sucht Ersatz für dieses Leben in den Dingen dieser Welt des Scheins. Hier herrscht der Kampf aller gegen alle, hier herrschen Egoismus und Eigensucht, hier ist das Pseudo-Ich mit seinen Wünschen und Begierden vorherrschend, und daraus entstehen diese Spannungen und Konflikte, die uns in das Leid von Kriegen, Revolutionen und Zusammenbrüchen führen.

Wir können mit allen äußeren Veränderungen unseres Lebens nicht den ersehnten Frieden gewinnen, nicht das Heil erreichen. Könnten wir mit der Errungenschaft von Reichtum und Wohlstand den Frieden finden mit uns selbst und mit der Welt, so wären die Reichen und Mächtigen dieser Welt glücklich, und sie hätten das Heil erreicht. *Aber der Mensch kann nicht mit den Dingen dieser Welt sein Heil gewinnen, sondern nur das Heilige in ihm, seine Gotteswirklichkeit, bringt ihm den ersehnten Frieden und das Glück; das Heilige macht ihn in seiner Schöpfung heil.*

7
Die Pflicht des Menschen

Wir sprechen von Menschenrechten, obwohl wir noch keine Menschen sind, obwohl wir unsere geschöpfliche Beziehung zu der menschbildenden Kraft des Schöpfers in uns nicht erkannt und nicht angenommen haben. Wer spricht in dieser Menschheit von der Pflicht des Menschen seinem Schöpfer gegenüber, wer erkennt seine geschöpfliche Aufgabe, die ihm anvertraute Kraft des Schöpfers durch sich hindurchzulassen zur Vermenschlichung und Vergöttlichung seiner Welt?

Wir glauben, daß wir Menschen sind, und wir erkennen nicht, daß wir einem Pseudo-Menschentum verhaftet leben, daß wir dem Fluch der Selbstentfremdung und der geschöpflichen Verkehrtheit anheimgefallen sind und in diesem Zustand mit allen unseren Anstrengungen versagen müssen, unsere geschöpfliche Aufgabe zu erfüllen und uns zum Heil unserer Welt auszuwirken.

Der Mensch erkennt nicht die Notwendigkeit einer Erforschung der Ursache seiner Not als dem Ergebnis der absurden Lehre von der Erbsünde, die auf ihm lastet und ihn zu einem unvollkommenen, außerparadiesischen Dasein in dieser Welt verurteilt. Daß er sich durch diese Hinnahme des Glaubens an die Vertreibung aus der Verbindung mit dem göttlichen Ursprung stumpf abfindet mit seinem erbärm-

14.466

lichen, gott-losen Teil-Leben im Persönlichen und Vergänglichen und damit Gottes Allgegenwart und Allmacht selbst verleugnet, erkennt er nicht.

Nicht Gott, der Schöpfer, kann sich von seinem Geschöpf trennen, denn Er ist dieses Geschöpf in Offenbarung, sondern es ist das Geschöpf Mensch, das sich von Gott absondert und dadurch die Menschwerdung selbst unterbricht.

Was Gott angefangen hat, kann nur Gott vollenden. Ohne die Einbeziehung der Kraft Gottes in uns, die unsere spirituelle Wirklichkeit ist, unsere Seele, Christus in uns, kann es nicht zu der Menschwerdung des Menschen kommen, bleiben wir ohne Sinnerfüllung eine verpaßte Inkarnation des Schöpfergeistes.

Wie können wir angesichts unserer Gleichgültigkeit gegenüber der Stimme des Gewissen und Absoluten in uns Gott verantwortlich machen für unser Versagen, das Gute, das Göttliche, zu bewirken? Wie können wir uns beruhigen in dem Glauben an die Erbsünde, der wir ausgeliefert sind, und sie für unsere Ohnmacht, das Gute zu tun, verantwortlich machen, da wir uns doch immer wieder gegen das Gewisse und Absolute in uns auflehnen und selbst nach unserem Wollen und unseren Wünschen herrschen, als gehörte unser Leben uns und als hätten wir das Recht, nach Gutdünken damit umzugehen. Alles Geschaffene entspringt der Schöpferkraft, und es ist diese Kraft, die die Sinnerfüllung einer jeden Schöpfung bewirkt. Deshalb die Aufforderung dieser Kraft an jeden von uns: »Bleibet in mir und ich in Euch, denn ohne mich könnt Ihr nichts tun!«

Sobald ein Mensch die Umkehr zu seiner spirituellen

Wirklichkeit und die Einkehr in sie vollzieht, sobald er horchend auf die Stimme des Gewissen und Absoluten in sich lebt und ihr gehorcht, beginnen bereits die Verwandlung und die Neuschöpfung seines Lebens, und er wächst hinein in die Macht seiner Kindschaft zu Gott, er wird wahrhaft lebendig. Sein gott-verbundenes Leben wirkt sich heilend und erlösend auf seine Umwelt aus, und durch ihn kann es zu einer Erweckung des Menschen für die in seiner eigenen Schöpfung wesende Kraft des Schöpfers kommen.

Darin liegt die Heilkraft des heilen Menschen, des Menschen in Christus, des ganzheitlichen Menschen, daß er vor Gott richtiggestellt lebt.

8
Die Jugend rebelliert

Der Mensch wird geboren von Menschen, die nicht um den eigentlichen Sinn des Lebens wissen; er wird erzogen und geformt in Schulen und Universitäten, die ebenfalls diesen Sinn nicht kennen; er wird von religiösen und weltlichen Institutionen beeinflußt und in ihren Dienst gestellt, obwohl sie auch nicht den Sinn des Lebens aufzeigen und vermitteln können. Wie können wir dann erwarten, daß der Mensch sinn-voll lebt, daß er seine vom Schöpfer gewollte Aufgabe in dem geschöpflichen Zusammenhang erfüllt? Die Geschichte dieser Menschheit zeugt mit ihren erschreckenden Ereignissen und mit den ständigen Zusammenbrüchen ihrer Kulturen und Zivilisationen von der Tatsache, daß der Mensch seinen Sinn nicht kennt, daß er sich der Kraft des Schöpfers in seiner Schöpfung nicht bewußt ist und nicht erkennt, daß der Sinn seines Lebens darin liegt, die ihm innewohnende Schöpferkraft durch sich zu offenbaren und damit beizutragen zur Verwirklichung der Herrschaft des Schöpfers über seine höchste Schöpfung.

Der Sinn des Lebens ist das Leben selbst, das von dem Schöpfer ausgeht und sich als Schöpfung und wieder Schöpfung in unerschöpflicher Fülle und Verschiedenheit selbst manifestiert. Der Sinn eines Baumes, einer Blume, eines Tieres ist, durchlässig zu sein für das in ihnen wirkende

Schöpferprinzip. Wird die Verbindung zwischen innen und außen, zwischen dem Schöpferprinzip und der daraus entstandenen Schöpfung unterbrochen, tritt der Tod ein, das Nicht-Leben. Dieses nehmen wir als selbstverständlich in der uns umgebenden Schöpfung zur Kenntnis, während wir in bezug auf unsere eigene Schöpfung nicht erkennen, daß auch wir als Geschöpfe von dem Wirken der Kraft des Schöpfers abhängig sind, aus der wir hervorgegangen sind, um Menschen zu werden nach seiner Konzeption.

Wir nehmen das uns anvertraute Leben aus dem Schöpfergeist in eigene Regie und verfügen darüber nach unserem Willen, nennen es unser Leben und fühlen uns im Recht, damit umzugehen, als läge es an uns, ihm Sinn und Ziel zu geben oder uns den Sinngebungen und Wertsetzungen dieser Welt anzupassen. Die Folge davon ist der Sturz in die Sinnlosigkeit, in den Tod als ein Teil-Leben im Vergänglichen, in dem wir unser Verderben, unsere Ohnmacht erleben, das wahrhaft Sinn-volle zu tun und unserer Welt zum Heil zu werden.

Der Stumpfsinn, mit dem wir unser Verderben, unsere Entartung, unsere Krankheiten und unser unheiles Wirken hinnehmen, als wäre es unser Los, in dieser Welt zu leiden und Leid zu erzeugen, ist erschreckend und beweist, daß wir hineingeboren werden in eine geschöpflich verkehrt lebende Menschheit, die unfähig ist, uns den rechten Weg zur Erfüllung unseres geschöpflichen Sinns zu zeigen. Wir werden manipuliert und ausgerichtet auf die hier herrschenden Mächte einer willkürlichen Geistigkeit, und wir finden uns ab mit den Folgen der Sonderung von dem Schöpfergeist, dessen Geschöpfe wir sind und den wir nicht in unser Bewußtsein hereinnehmen, und wir stellen uns nicht in den Dienst seiner Weisungen.

Da alle Menschen um uns denselben Folgen ihrer geschöpflichen Verkehrtheit anheimfallen, Krankheiten und Entartungen zum Opfer fallen und unter Angst und Schuld, Sinn-losigkeit und Freude-losigkeit leiden, erkennen wir nicht diese Störungen unseres Lebens als Folgen unserer Sonderung von dem Leben, das uns von dem Schöpfer gegeben ist und das allein die Menschwerdung in seinem Sinne zu bewirken vermag.

Der Zustand der heutigen Jugend, die sich ihrer Desorientiertheit immer bewußter wird, die immer mehr die Sinnlosigkeit ihres Lebens erkennt und darunter leidet, beweist uns, daß der Mensch auf dem Weg ist, sich der Ursache seines Versagens und seiner Ohnmacht immer bewußter zu werden, sich selbst Sinn und Ziel zu geben, und daß er sich nicht mehr einordnen kann in den Dienst an den herrschenden Mächten einer sinn-entleerten Menschheit.

Diese Jugend ahnt, wenn auch noch unbewußt, daß sie verheizt wird, um einer verkehrten Welt noch an die Macht zu helfen, die sich anmaßt, verfügungsberechtigt zu sein. Mit allen Mitteln der Beschwörung versuchen die herrschenden Mächte dieser Welt, seien sie religiöser oder weltlicher Prägung, die Jugend zu aktivieren, sie in ihren Dienst einzuspannen, ohne jedoch die ständig wachsende Skepsis und die Resignation vor den hier proklamierten Werten überwinden zu können, die unsere Jugend erfüllt und sie in die Fangarme neuer Lebensinhalte treibt.

Anstatt nach der Ursache dieses Zustandes einer zunehmenden Interessenlosigkeit gegenüber allem Bisherigen und Gewohnten zu fragen, beharren die Mächte dieser geschöpflich verkehrt lebenden Menschheit auf ihren Werten und Sinngebungen und hoffen auf eine Wende in der Jugend, die diese zurückführen wird zum Glauben an das Bisherige.

Aber diese Wende zum Alten wird nicht kommen, denn die Zunahme eines neuen Bewußtseins für den Sinn des Lebens unterhöhlt bereits die Fundamente, auf denen diese Menschheit ihre Kulturen und Zivilisationen aufbaut. Die Jugend glaubt nicht mehr an die Ideale der Alten, sie kann sich nicht mehr erwärmen für den Dienst an ihren Sinngebungen. Etwas Geheimnisvolles, noch nicht bewußt Erkennbares wirkt als dynamische Kraft in den unbewußten Bereichen dieser Jugend und zwingt sie zur Rebellion und Auflehnung gegen alles, was sie als nicht sinn-voll betrachtet, was sie nicht als Ziel für ihr Leben annehmen kann.

Die Zeichen der Zeit werden nur von denen erkannt, die in sich diese in der Welt herrschenden Mächte überwunden haben und sie als dem Menschen ungemäß betrachten. Ein neues Bewußtsein will geboren werden, eine Umwertung aller Werte bahnt sich an und bedroht das Bisherige mit der Ent-hüllung seiner Unzulänglichkeit. Die Jugend ist empfänglich für diese Zunahme einer neuen Zeit mitten im noch Bestehenden, und sie wendet sich ihren schöpferischen Kräften zu, wird von ihnen gesteuert und beunruhigt, deutet sie oft falsch und gibt sich neuen Dämonien hin, um von ihnen doch nur auf Irrwege geführt zu werden und sinn-los zugrunde zu gehen.

Aber nichts kann den bereits beginnenden Sturm einer neuen Zeit aufhalten, keine noch so eifrigen Versuche der herrschenden Mächte, sich zu behaupten und ihre Position zu halten, werden Aussicht haben auf Erfolg.

Der wahre Sinn des Lebens will sich auch in der Menschheit offenbaren, und auf daß er zur Wirkung kommen kann, müssen die bisherigen Mächte, die den Sinn des Lebens zu kennen glauben, überwunden werden. Es geht hier um die Auferstehung des Schöpferprinzips, das aus unserer Schöpfung zugunsten einer willkürlichen Geistigkeit verdrängt und in unbewußte Bereiche verbannt wurde.

Der Mensch muß sterben in seinem ego-zentrierten Teil-Leben, um sich des wahren Selbst, der Kraft des Schöpfers in sich, bewußt zu werden und sie in sein Leben einzubeziehen. »Wer in mir bleibt und ich in ihm, der trägt viel Frucht, denn ohne mich könnt Ihr nichts tun.« Diese Aussage bleibt für uns alle gültig. Wir bleiben sinn-los, bis wir unseren Sinn in der Kraft erkennen, aus der wir geschaffen sind.

9

Die heutige Erziehung

Die heutigen Erziehungsmethoden vermögen nicht, zur Menschwerdung des Menschen beizutragen, und sie befinden sich im ständigen Wechsel. Die Diskussionen hören nicht auf, und neue Vorschläge werden gemacht, ohne daß den Menschen klar wird, daß zu allen diesen Versuchen, den Menschen zu einem Menschen zu erziehen, der sich für sich selbst und für seine Umwelt zum Heil auswirkt, die Einbeziehung der menschbildenden Kraft des Schöpfers gehört und daß es ohne diese Einbeziehung nicht zur Menschwerdung kommen kann. Aus der geschöpflichen Situation des Menschen geht hervor, daß er, um seinen geschöpflichen Sinn zu erfüllen, abhängig ist von der Einheit mit der Kraft des Schöpfers, aus der er geschaffen ist.

Da es nun nicht zu der heutigen Erziehung des Menschen gehört, ihn aufzuklären über seine Abhängigkeit von der Einheit mit dem Gewissen und Absoluten als der Kraft des Schöpfers in sich, um Mensch zu werden, lebt der Mensch bewußtlos gegenüber der Bedeutung dieser Kraft, und er gerät so mit Notwendigkeit unter den Fluch der Selbstentfremdung und verliert seine Orientierung im Leben.

Die Erziehung, die dem Menschen durch Schulen und Universitäten geboten wird, ist eine Erziehung zu Informationen über unsere Kenntnisse von der Erscheinungswelt

13.927

und dient der Entwicklung der Verstandeskräfte, ohne Ausrichtung auf das Schöpferprinzip, ohne Verbindung aufzunehmen mit unserer spirituellen Wirklichkeit.

Da nun die Erziehung des Menschen durch die Institutionen des Staates und der Kirche der Anpassung an festgelegte Werte und Sinngebungen dient, nimmt es nicht Wunder, daß es nicht zur Menschwerdung des Menschen im Sinne des Schöpfers kommt, daß dieser Mensch in sich unmündig und ohne Vollmacht bleibt.

Das wahre Selbstbewußtsein als das Bewußtsein des wahren Selbst, das der Schöpfergeist in uns ist, fehlt dem heutigen Menschen, und er entfaltet aus seinem Ego, aus seiner Stellung in dieser Welt ein Bewußtsein, das auf seine Person ausgerichtet und dadurch aus dem Erleben der Einheit allen Seins gefallen ist. Dieser Mensch leidet unter seiner Beziehungslosigkeit gegenüber seiner eigenen Wahrheit wie gegenüber der Wahrheit aller Schöpfung, und er entbehrt der Fülle des Lebens aus dem Ursprung, er kennt nicht die Freude im heiligen Geist.

Dieses Defizit an Leben sucht der aus seiner Seele gefallene Mensch zu ersetzen mit einem Scheinleben, und er jagt nach Ablenkungen, gibt sich selbst Sinn und Ziel und leidet unter einer inneren Einsamkeit und Unzufriedenheit. Er wird von Angst und innerer Unruhe heim-gesucht, er verliert den Glauben an den Sinn seines Lebens, von dem er entfernt lebt, solange er ihn nicht in sich selbst, in seinem Ursprung, gefunden hat.

Ein Leben ohne Ausrichtung auf das Leben selbst, das die Schöpferkraft in uns ist, unsere Lebenswirklichkeit im Spirituellen, ist ein ohnmächtiges Teil-Leben im Vergänglichen, ist zutiefst sinn-los, weil vom Ur-sinn allen Lebens, von Gott, gesondert. Es muß von uns erkannt werden, daß Gott keine religiöse Angelegenheit unseres Lebens ist, mit der wir uns beschäftigen können oder nicht, sondern *Gott ist unsere Lebensangelegenheit überhaupt,* die unser Sein oder Nicht-Sein entscheidet. So stark wie unser Gottes-bewußtsein ist, so stark ist die menschbildende Kraft Gottes in uns wirksam, denn Gott ist diese Kraft in uns, sein Geist, aus dem wir geschaffen sind und der diese Schöpfung vollendet.

Keine Erziehung führt deshalb zur Menschwerdung des Menschen im Sinne des Schöpfers, die nicht auf diesen Geist in ihm ausgerichtet ist. Wir mögen uns noch so sehr bemühen, den jungen Menschen eine nach unseren Vor-stellungen humane Erziehung zu geben, ihnen als Vorbilder das Leben der großen Menschen vorzuhalten und sie aufzufordern, ihnen nachzueifern; wir erreichen dadurch nicht eine Veränderung und Verwandlung ihres Lebens, die zur Menschwerdung im Sinne des Schöpfers führen.

Es geht allein um den Durchbruch des Menschen zu der in seiner Schöpfung anwesenden Gotteskraft, um die Erweckung seiner Seele, die ihm den Zugang öffnet zu der Seele der Schöpfung und ihn den unerschöpflichen Quell des Schöpfers in sich selbst finden läßt.

»Wer den Sohn Gottes hat, der hat das Leben, wer den Sohn Gottes nicht hat, der hat das Leben nicht.« Dieses Wort wäre eine Richtschnur für eine Erziehung des Menschen, die ihn in die Menschwerdung hineinführt. Wer seine Kindschaft zu dem allmächtigen Schöpfer erkennt und sich dazu bekennt, wer nach den Weisungen seiner Seele lebt und in dem Bewußtsein seiner Einheit mit allem Leben um sich verbleibt, der hat das ihm von Gott gegebene Leben erreicht, er ist wiedergeboren, hineingeboren in seine Wahrheit, und diese Wahrheit macht ihn wahr und lebendig.

Das Geheimnis unseres Lebens liegt in der Schöpferkraft, die uns geschaffen hat, und sollen wir dieses Geheimnis enthüllen, so müssen wir auf diese Kraft ausgerichtet werden. Was Gott geschaffen hat, kann nur seine Kraft vollenden. Der Mensch muß über die Existenz dieser Kraft unterrichtet werden, er muß in der Hinwendung zu dem Gewissen und Absoluten in sich leben, auf die Weisungen seiner Seele horchen und ihnen gehorchen, dann wächst er ohne Anstrengung von sich aus hinein in die Macht seiner Kindschaft zu Gott. Er wird Mensch als Gott offenbarendes Geschöpf, und er hat das Leben in sich selber und er braucht es nicht außerhalb seiner selbst zu suchen. »Wer den Sohn Gottes hat, der hat das Leben.«

Wie aber soll sich eine solche Wandlung in der Erziehung des Menschen vollziehen? Wie sollen wir aus den Mächten der jetzigen, auf das Verstandesmäßige und Informative ausgerichteten Erziehung herauskommen und erkennen, daß es für den Menschen wertlos ist, sich zu belasten mit den Ereignissen, die entstanden sind aus der Sonderung des Menschen von seiner Wahrheit?

Die jetzige Art der Erziehung fördert nicht die Entwicklung des in sich integrierten Menschen, sondern verhindert diese Entwicklung, vertieft die Sonderung von seiner Seele und dient so nicht der Menschwerdung im Sinne des Schöpfers, trägt nicht bei zur Verwirklichung des Reiches Gottes in unserer Welt.

10
Wir töten im Kind die Kreativität

Die Anpassung des Menschen an die in dieser Menschheit herrschenden Werte und Sinngebungen führt ihn immer weiter auf dem Weg der Selbstentfremdung, läßt ihn unfähig werden, seinen vom Schöpfer gewollten Sinn zu erfüllen. Durch diese Anpassung verliert der Mensch sein Gewicht und seine Bedeutung für seine Umwelt als eine Offenbarung der individuellen, besonderen und einmaligen Erscheinung des Schöpfers. Das Streben nach Gleichheit ist dem Leben in seiner freien Entfaltung entgegengesetzt.

Die Unerschöpflichkeit der Kraft des Schöpfers bewirkt eine Schöpfung, in der alles Geschaffene seine besondere Gestalt und Ausstrahlung hat. Diese Vielfalt in der Erscheinung dieser Schöpfung, diese Einmaligkeit eines jeden Geschöpfes ist innerhalb der Menschheit durch Gleichschaltung und den Zwang zur Anpassung an die Vor-stellungen der Menschheit vom Sinn des Lebens verlorengegangen.

Der Sinn, den wir von dem Schöpfer bekommen haben, ist die Offenbarung seiner in uns manifestierten Schöpferkraft, ist das Verbleiben in seinem Geist, aus dem wir geschaffen sind, und wenn wir in diesem Geist verbleiben, offenbart er sich individuell in uns, und wir können uns, je nach unserer besonderen Begabung, schöpferisch auswirken.

In der Kunst verurteilen wir jede Angleichung an das Werk eines anderen, hier verlangen wir eine persönliche, unverwechselbare Aussage; und eben diese Entfaltung unserer Individualität verhindern wir durch eine Erziehung, die das Ziel der Gleichheit hat. Damit töten wir bereits im Kind die Kreativität, unterbinden die Entwicklung seines wahren Wesens, lassen es untergehen in der Masse und liefern es dadurch der Unzufriedenheit, der Aggression aus, der Auflehnung gegen die fortgesetzte Kränkung seiner spirituellen Wirklichkeit.

Der Mensch wird erniedrigt zum Dienst an der in der Menschheit herrschenden willkürlichen Geistigkeit, zum Diener ihrer Mächte erzogen, ohne Bejahung und ohne Anerkennung der ihm mitgegebenen Kraft des Schöpfers, deren Annahme ihm erst den Wert seines Lebens gibt.

Die Kränkung dieser Kraft durch den von Kindheit an einsetzenden Zwang zur Anpassung an die Mächte einer geschöpflich verkehrt lebenden Menschheit ist die Ursache für alle Krankheiten, Entartungen und Verderbnisse menschlichen Lebens. Wir klagen über den Verlust an schöpferischen Menschen, wir leiden unter der Farblosigkeit, der Eintönigkeit menschlicher Begegnungen, wir werden deprimiert und frustriert durch die innere Beziehungslosigkeit zu uns selbst, zu unseren Mitmenschen wie zu der Schöpfung um uns, und wir erkennen nicht die Ursache für unser Unbehagen, das seinen Grund dort hat, wo wir unser eigenes Wesen verleugnen müssen, um uns der Welt, in der wir leben, anzugleichen. *Wir sagen »ja«, wo wir »nein« sagen wollen, und umgekehrt; wir achten darauf, daß wir unseren Reaktionen gegenüber einer verlogenen und ungerechten Welt nicht Ausdruck verleihen; wir verlieren unsere Persönlichkeit, unsere Eigenart, und wir bleiben uns selbst, der Welt und dem Schöpfer das Leben schuldig, das zu offenbaren wir bestimmt sind.*

Könnten wir begreifen, daß alle unsere Krankheiten und Entartungen ihre Ursache in einer Kränkung unserer Seele zugunsten einer seelen-fernen Menschheit haben, daß unsere Neurosen und Depressionen unvermeidbar sind, solange wir nicht das uns gemäße Leben ausleben und uns nicht mit unserem Ursprung verbinden, dann gäbe es für uns keine wichtigere Aufgabe, als diese Umkehr zu unserer spirituellen Wirklichkeit zu vollziehen.

Dadurch würden wir in das für unser Leben notwendige Gleichgewicht zwischen innen und außen hineinkommen, zwischen Seele und Körper, und eine neue Situation wäre erreicht: die Richtigstellung vor dem Schöpfer; denn nicht das Geschöpf ist in sich schöpferisch, sondern die Schöpferkraft, die sich als seine Schöpfung manifestiert hat, macht das Geschöpf schöpferisch. Die Verbindung mit dieser Kraft ist deshalb das allein Not-wendige.

Wir sprechen von erleuchteten und mit Gott, dem Schöpfer, verbundenen Menschen; wir erleben, daß sie in der Geschichte der Menschheit immer wieder hervorkommen und zur Erleuchtung der Welt beitragen, ohne jedoch dadurch zu der Erkenntnis dessen aufzuwachen, daß auch wir als Geschöpfe bestimmt sind, zur Offenbarung der uns mitgegebenen Kraft des Schöpfers zu werden. Was sie erreichten durch ihre Hinwendung zum inneren Licht ihrer spirituellen Wirklichkeit, müssen auch wir erreichen können, oder wir müssen davon ausgehen, daß diese Menschen nicht mit uns vergleichbar sind, nicht Menschen sind wie wir.

»Er war ein Mensch wie wir, doch ohne Sünde.« Dieses waren die Worte des erleuchteten, mit Gott verbundenen Menschen Jesus von Nazareth. Es ist also die Sünde, die Sonderung von unserem Ursprung, von der Kraft des Schöpfers in uns, die uns verurteilt zu diesem ohnmächtigen, unerleuchteten Zustand, in dem wir leben.

Wir unterliegen alle der in dieser Menschheit herrschenden geschöpflichen Verkehrtheit, wir werden in ihr erzogen, gezwungen zur Anpassung an ihre Werte und Sinngebungen, und wir verlieren so unsere Wahrheit, werden von ihr getrennt und verfallen einem unschöpferischen Pseudo-Leben im Vergänglichen.

IV
Unsere Wahrheit

1
Über den Glauben aktivieren wir die Schöpferenergie

In der geistigen Heilung geht es um die Aktivierung der im Menschen selbst wesenden Kraft des Schöpfers, um den Glauben an unseren göttlichen Ursprung und um unsere Ausrichtung auf seine Gegenwart in uns.

Wenn dieser Glaube nicht entspringt aus dem Wissen um unsere geschöpfliche Verbindung mit dem Schöpfer und der daraus folgenden Teilnahme an seiner Kraft, bleibt unser Glaube unwirksam; wir erleben durch ihn nicht die Verwandlung und Erneuerung unseres Körpers, wir können keine Heilungen durch diesen Glauben erwarten.

Dies erklärt, warum die inbrünstigen Gebete der Menschen um Rettung und Heilung aus Not, Verderben und Krankheit ohne Erfolg sind, wenn sie sich an einen Gott ihrer Vor-stellungen wenden, der in fernen Himmeln thront.

Der Glaube, der Wunder bewirkt, ist der Glaube an den inwendigen Gott, der Glaube an das Reich göttlichen Seins in uns, die Anbetung unserer Wahrheit als Gottes Kraft in Offenbarung. Durch diesen Glauben aktivieren wir die Energien des Schöpfers, die in jeder Zelle unseres Körpers vorhanden sind, aber latent in uns bleiben, bis unser Glaube sie wirksam macht.

»Dein Glaube hat Dir geholfen«, war die Erklärung Jesu an die Menschen, die ihre Heilung aus Not und Krankheit erlebten. Er sagte nicht: Ich habe Euch geheilt, sondern Dein Glaube an das göttliche Geheimnis des Lebens in Deiner Schöpfung hat die Heilung gebracht.

Wenn ein Mensch wie Jesus, im Bewußtsein seiner Sohnschaft zum allmächtigen Schöpfer lebend und seine Kraft in sich wirken lassend, vor den Menschen erschien, so erlebten sie seine heilende Ausstrahlung und wurden angesprochen in der auch in ihrer Schöpfung anwesenden Kraft Gottes, und diese Kraft erhöhte die Schwingung ihrer Zellen und Organe und aktivierte diese bis zur Heilung. *Je gläubiger der Mensch ist im Sinne des Wissens um die Kraft Gottes in sich, um so stärker strömt diese Kraft heilend und erneuernd in das Bewußtsein des Menschen hinein, und der Mensch erlebt seine Befreiung aus der Enge eines Person- und Vergänglichkeitsbewußtseins; er wird von der überpersönlichen Kraft seiner Wahrheit überflutet.* Das ist der Vorgang bei der Heilung durch den Geist, und dieser Vorgang bleibt unverständlich für eine Menschheit, die das Geheimnis des göttlichen Ursprungs des Menschen nicht kennt, nicht begreift, daß der Mensch als Geschöpf Gottes Träger der ihn heilenden Kraft Gottes ist.

Wer das Wunder der Heilung als etwas Übernatürliches betrachtet, als ein Eingreifen Gottes in das irdische Leben des Menschen, der begreift nicht, daß das Leben selbst göttlichen Ursprungs und deshalb in sich heilig, vollkommen und gut ist und daß folglich die Krankheit und die Unheilheit menschlichen Lebens eine Folge der Sonderung des Menschen vom Leben Gottes in sich sind und deshalb überwindbar, wenn dieses göttliche Leben angenommen wird. Ein mit diesem Leben Gottes in sich verbundener Mensch ist fähig, dieses Leben bei seinen Mitmenschen anzusprechen, er hat Zugang zu ihrer Seele, und er vermag ihre Kräfte wachzurufen zum Heil aus aller Unheilheit.

Wenn wir erkennen, daß in uns das Heilige gegenwärtig ist, erkennen wir, daß unsere Umkehr zu diesem Heiligen in uns und die Einkehr in dieses Heilige uns der heilenden Ausstrahlung fähig machen. Ein Heiliger wirkt heilend, ein von dem Heiligen in sich gesonderter Mensch hat keine heilende Wirkung. Was ein Mensch an Rückverbindung mit seiner Seinskraft als Gotteskraft gewinnt, wie verinnerlicht er lebt, bestimmt seine Heilkraft. Wenn der Mensch das Bekenntnis ablegen kann: »Ich und der Vater sind eins; wer mich sieht, der sieht den Vater, der micht gesandt hat«, dann hat er die höchstmögliche Heilkraft erreicht. Der Vater, der Ursprung, heilt durch ihn, weshalb dieser Mensch auch bekennen kann: »Ich kann von mir selbst nichts tun«. Der Sohn als der gotterfüllte Mensch tut von sich aus nichts; es ist der Vater, der durch ihn spricht und wirkt.

Da der Mensch als die höchste Schöpfung Gottes den Zugang hat zum ewigen Leben, so müßte er, wenn er in diesem Leben verankert lebt, die höchste Heilkraft ausstrahlen. Nur wenn der Mensch mit Gott verbunden lebt, kann er heilend wirken.

Da aber diese Heilkraft selten von einem Menschen ausgeht, so können wir daraus folgern, daß der Mensch nicht auf das Göttliche in sich ausgerichtet lebt. Von sich selbst, im Willkürlichen verbleibend, ohne Einbeziehung der Kraft Gottes, bleibt der Mensch ohne Heilkraft.

Wenn wir begreifen, daß der Mensch nur zum Heil seiner Welt werden kann, wenn er auf das Heilige in sich im Glauben und Vertrauen ausgerichtet lebt, so kann es für uns kein größeres Verlangen geben, als diese Verbindung mit unserer spirituellen Wirklichkeit zu gewinnen, die unsere Gotteswirklichkeit, unsere Seele, ist. Und diese Verbindung erreichen wir, wenn wir verinnerlicht leben, wenn wir uns auf das in uns wirkende schöpferische Geschehen ausrichten und erkennen, daß nicht wir unser Leben leben, sondern daß das Leben, der Schöpfer, uns lebt. Wir sind Organe und Werkzeuge des Schöpfers, geschaffen, um Ihn und seine Kraft durch uns hindurchzulassen. Spielen wir uns selbst als Schöpfer unseres Lebens auf, so verlieren wir unseren Sinn, und wir können uns nicht zum Heil unserer Welt auswirken.

Welche unerschöpflichen Möglichkeiten liegen in unserer Schöpfung verborgen, wartend auf die Bewußtwerdung unserer Wahrheit als Schöpferkraft in individueller Offenbarung! Uns trennt von dieser Kraft nur unsere Bewußtlosigkeit gegenüber ihrer ständigen Gegenwart. Könnten wir zu dieser Kraft erweckt werden und sie annehmen, in ihr ruhen wie die Pflanze in ihrer Wachstumskraft, welche Energien schöpferischen Lebens würden dann in uns aktiviert werden!

Die Heiligen, von denen die Kräfte des Heils ausgehen,

haben uns vorgelebt, wie wir zur Offenbarung dieser Kräfte kommen können. Gleich ihnen müssen wir die Umkehr zum göttlichen Ursprung vollziehen, wir müssen zum Glauben an unsere Kindschaft zu Gott erwachen und erkennen, daß wir Geschöpfe sind und nicht Schöpfer und daß allein die Richtigstellung vor Ihm, der alles in allem ist, uns wahrhaft lebendig und vollmächtig macht. *Um das Heil zu bewirken, müssen wir in der Hinwendung zu dem Heiligen in uns leben, denn nicht wir bewirken das Heil, sondern dieses Heilige in uns, das unsere Wahrheit ist, bewirkt das Heil.*

2
Leben aus der Intuition

Es wird eine neue Wissenschaft entstehen, die nicht mehr in der Enge einer willkürlichen Geistigkeit beheimatet ist, sondern die im intuitiven Sinne durchstößt zu der inneren Wirklichkeit des Lebens und aus ihr Erkenntnisse schöpft.

Der Mensch wird dann über ein erweitertes Bewußtsein verfügen für die Kräfte, die in allem Geschaffenen auf die Sinn-erfüllung einer jeden Schöpfung hin wirksam sind, und diese Kräfte werden zugänglich werden über die Ehrfurcht, mit der er sich auf sie ausrichtet und sich von ihnen weisen läßt. Solange der Mensch diesen Durchbruch zu der Dimension des Schöpfers in sich nicht erlebt, bleibt er in der Begrenzung durch seinen Intellekt und läßt sich nur von ihm aufklären über die Phänomene dieser Welt.

Die heutige Krise in der bisherigen Wissenschaft beruht auf ihrer Ablehnung der von ihr noch nicht anerkannten und nicht einbezogenen Dimension der Kraft des Schöpfers. Diese heutige Wissenschaft ist unspirituell, und so findet sie keinen Anschluß an die spirituelle Wirklichkeit in allem, was lebt, und sie kann folglich nicht von ihr bewirkt und erleuchtet werden.

Alle Versuche von Menschen, die zu dieser Wirklichkeit der Schöpferkraft in sich selbst wie in der Schöpfung vorgedrungen sind, diese neue Dimension zu verkündigen, sind gescheitert an der Starrheit, mit der die herrschende Wissenschaft ihre Forschungen betreibt und nur das gelten läßt, was mit den fünf Sinnen und mit dem Geist des Menschen erreichbar ist.

Aber »was kein Auge je gesehen und kein Ohr je gehört und was in keines Menschen Sinn gekommen ist, das hat Gott, der Schöpfer, bereitet denen, die Ihn lieben«. Der auf das göttliche Geheimnis des Lebens ausgerichtete Mensch wird in eine Entfaltung spirituellen Lebens hineinkommen, der keine Grenzen gesetzt sind. Die unerschöpfliche Kraft der Gottheit bleibt verborgen und unentdeckt, solange der Mensch dem Wahn unterliegt, daß die Erscheinungswelt die wirkliche Welt ist, und solange er nur bestrebt ist, diese Welt zu erforschen. Er erreicht damit nur die Oberfläche des Lebens, und die Ergebnisse, die er mühsam sammelt, treffen nicht die Wahrheit, haben keinen gültigen Wert. Das erklärt den ständigen Wandel in den Auffassungen der Wissenschaften über die Dinge, die erforscht werden. Sie werden überholt und überwunden durch neue Ergebnisse. Sie unterliegen dem Wechsel des Zeitgeistes und verlieren nach kurzer Zeit ihre Bedeutung durch das Hervorkommen neuer Entdeckungen.

»Die Klugheit dieser Welt ist Torheit vor Gott.« Die Aussage des Schöpfergeistes bleibt von ewiger Gültigkeit: »Eure Gedanken sind nicht meine Gedanken, und Eure Wege sind nicht meine Wege, spricht der Herr.« Es ist der willkürliche Geist des Menschen, der im Widerspruch steht zu dem Schöpfergeist. Erst wenn unser Geist sich dem Schöpfergeist unterstellt und eine Synthese des Geschöpfes mit seinem Ursprung eingeht, wird die »Klugheit« des Menschen gotterfüllt und deshalb gültig über alle Zeiten.

Wenn ein Mensch seine geschöpfliche Abhängigkeit von Gott, um zu leben, erkennt und sich seinem Geist zuwendet, beginnt seine Erleuchtung. Was dieser Mensch sagt, ist aus der Wahrheit, aus Gott, gesagt und bewirkt das Heil. Die Propheten und Mystiker, die Heiligen und Erleuchteten in allen Zeiten und Völkern haben aus dem Geist der Wahrheit geredet.

Diese auf Gottes Geist in sich ausgerichteten Menschen können nicht von der Zeit überholt und vergessen werden. Sie erleuchten uns über Jahrtausende und geben uns die Hoffnung auf eine Erlösung aus der herrschenden Finsternis der Gottlosigkeit.

Wenden wir uns diesen Menschen zu und horchen wir auf ihre Verkündigung von dem in uns wesenden Geist des Schöpfers und vollziehen wir die Umkehr zu diesem Geist, so werden auch wir von dem Licht dieses Geistes erleuchtet.

Wenn unsere Wissenschaftler durchstoßen zu dem in der Schöpfung des Menschen wesenden Schöpfergeist und anfangen, die Ausrichtung auf diesen Geist als die Voraussetzung für eine optimale Lebendigkeit für uns Menschen zu verlangen, so werden wir nicht zögern, ihrem Aufruf zu folgen. Dann werden die herrschenden Religionen mit ihren verschwommenen Lehren von einem Gott außerhalb unserer Schöpfung aufhören müssen, uns zur Nachfolge zu bewegen, und wir werden begreifen, daß Gottes Kraft und Weisheit in unserer Schöpfung verborgen liegen und wir sie hier suchen müssen. – Die heutige Beschäftigung mit parapsychologischen Phänomenen, für deren Erforschung bereits einige Wissenschaftler gewonnen wurden, läßt uns auf einen Durchbruch der gesamten Wissenschaft zu der Dimension des ewigen Lebens hoffen, die sich in allem Geschaffenen manifestiert.

Die Wissenschaft vom Sein ist die höchste Stufe in der Entwicklung unserer Wissenschaften, und diese Seinskraft wird, wenn sie erforscht ist, das Gesicht unserer Erde verwandeln. Menschen werden hervorkommen, die die Umkehr zu dieser Kraft in sich vollziehen und somit in eine Seins-mächtigkeit hineinwachsen, die für uns heute noch nicht vorstelllbar ist. *Die alten Begriffe vom Menschen als einem unvollkommenen, sündigen, aus der Gnade Gottes gefallenen Geschöpf werden aufhören, uns zu fixieren in diesem Zustand unserer Gottlosigkeit, und wir werden uns selbst als Gottes Offenbarung entdecken.*

In uns selbst, in jeder Zelle unseres Körpers werden wir die Seinskraft erkennen, und durch die Liebe zu dieser Kraft und durch ihre Anbetung werden wir sie aktivieren und als neue Menschen in Christus hervorkommen. *Denn das Geheimnis des Menschen in Christus ist das Geheimnis der in uns wesenden Seinskraft, die uns nie verlassen kann, weil wir diese Kraft in Offenbarung sind.* Sie bleibt nur so lange in unbewußten Bereichen in uns verborgen, bis wir sie entdekken und uns zu ihr bekennen. Ist sie erst von einer neuen Wissenschaft enthüllt, wird sie als unsere Wahrheit verkündigt; wer möchte sie dann in seinem Leben entbehren?

3
Das Denken und die Intuition

Über dem Denken als einer Tätigkeit unseres Geistes steht die Intuition als der Einbruch der Dimension des Schöpfergeistes in unser Bewußtsein. Der intuitive Mensch er-lebt die Welt von innen her, er nimmt teil an der Kraft des Schöpfers, die in allem Geschaffenen am Werke ist, und er wirkt sich so schöpferisch aus.

Je tiefer er dem inneren Geschehen in sich wie dem in der Welt zugewandt lebt, je gegenwärtiger er dem jeweiligen Augenblick verbunden ist, um so lebendiger ist er, um so mehr nimmt er teil an den Kräften, die in allem Geschaffenen wirksam sind.

Gleichwie ein Kind am Leben über das Er-leben, über eine nie aussetzende Hingabe an den Augenblick teil-nimmt und in das Leben hineinkommt und so seine Kenntnisse über die Umwelt gewinnt, also müßte der Erwachsene in eine weit tiefere Beziehung zum Leben hineinkommen, wenn er erkennen würde, daß nicht das Denken ihn lebendiger und vollmächtiger macht, sondern das Er-leben, seine Teil-nahme an dem Schöpferprinzip in allem Leben um ihn.

Der Geist ist dem Menschen gegeben zur Erkenntnis und zur Vermittlung der in seiner Schöpfung wesenden Kraft des Schöpfergeistes, weshalb die Ausrichtung auf diesen Geist,

14.743

die Verinnerlichung, die Meditation, ihn erst in eine Wechselbeziehung mit dem Schöpferprinzip hineinkommen läßt.

Die Aussage: »Das Geheimnis liegt bei den Frommen«, müssen wir in ihrer wirklichen Bedeutung verstehen. Der Fromme ist der dem inneren Geheimnis des Lebens zugewandte Mensch, der ehrfürchtige, der Gott anbetende Mensch. Er erkennt in allem Geschaffenen die unsichtbare Kraft des Schöpfergeistes, und er verbindet sich in Liebe damit. So führt seine Anteilnahme am Leben nicht über die Erscheinungswelt, sondern über die Kraft des Schöpfers, die in ihr wirkt. Er denkt sich nicht in das Leben hinein, sondern er erlebt es, er nimmt an seinen Kräften teil.

Wenn wir diese Notwendigkeit unserer Unterordnung unter die Kraft, aus der wir hervorgegangen sind, begreifen und die Umkehr zu ihr vollziehen würden, so kämen wir hinein in ein uns mit dem Schöpferprinzip verbindendes Leben, das uns schöpferisch macht. Nicht die Entwicklung unseres Geistes macht uns schöpferisch, sondern allein durch die Erkenntnis unserer geschöpflichen Situation und durch unsere Hinwendung zu dem Schöpfer beginnt die lebengebende Verbindung mit allem Leben, das von Ihm ausgeht. Wir erleben unsere innere Beziehung zu der uns umgebenden Schöpfung, und wir gehen durch die Erscheinungswelt hindurch zu der uns erhaltenden und erneuernden Kraft des Schöpfers, die darin wirkt.

Dieser Zustand des wirklichen Lebens ist identisch mit der Wiedergeburt, »ohne welche niemand wird Gott sehen«. Gott als das Leben allen Lebens, als die innerste Kraft in allem, was lebt, kann nur über diese Kraft in uns selbst erreicht und erlebt werden, wir können erst über unsere spirituelle Wirklichkeit Zugang bekommen zu dieser Wirklichkeit in der uns umgebenden Schöpfung.

Die schmerzliche Beziehungslosigkeit, die wir in dem Umgang miteinander und mit der uns umgebenden Schöpfung erleben, beweist unsere Beziehungslosigkeit zu der Kraft des Schöpfers in uns selbst, die die Kontaktstelle ist zu allen ihren Offenbarungen um uns.

Wir bleiben voneinander im Wesenhaften getrennt, solange wir nicht zu dem Wesenhaften in uns selbst vorgedrungen sind. Ohne die Wiedergeburt, ohne den Durchbruch zum Schöpferprinzip in uns, finden wir keine lebengebende Verbindung mit diesem Prinzip in der Schöpfung um uns, wir erleben nicht die ersehnte Einheit im Ursprung mit unserer Umwelt, wenn wir diese Einheit nicht in uns selbst erleben.

Die willkürliche Geistigkeit führt den Menschen immer tiefer hinein in die Sonderung von dem Schöpfergeist, und sie läßt den Menschen verderben und in eine Unterbrechung des schöpferischen Geschehens hineingeraten, die die Menschwerdung unmöglich macht.

Erst mit der Wiedergeburt, mit dem Aufwachen zu der Erkenntnis der in seiner Schöpfung anwesenden Schöpferkraft und mit der Ausrichtung auf sie beginnt der Mensch, sich selbst in seiner Wahrheit zu entfalten, und er erfüllt seinen hohen Sinn als ein Gott offenbarendes Geschöpf.

4

Der erwachte Mensch

Der Mensch wird verunsichert und von den Mächten seiner eigenen und der Welt willkürlichen Geistigkeit umhergetrieben und geht grundsätzlich in die Irre, bis auf den Tag der Bewußtwerdung seiner Wahrheit und seiner Ausrichtung auf sie.

Der zu seiner Wahrheit erwachte Mensch hat sein Zentrum, seine Mitte, gefunden, er lebt aus dem Ursprung seines Lebens, aus Gott, und damit ist er nicht mehr ein Opfer der in dieser Welt herrschenden Gott-losigkeit. »Ich und der Vater sind eins, wer mich sieht, der sieht den Vater, der mich gesandt hat.« Das ist das souveräne Bekenntnis des zu seiner Wahrheit erwachten Menschen.

Diese Aussage ist die über alle Zeiten gültige Aussage des vor seinem Schöpfer richtiggestellten Menschen, denn da Gott, der Schöpfer, alles in allem ist, wie kann dann der Mensch als Geschöpf Gottes etwas anderes sein als seine Kraft und Weisheit in dieser Offenbarung!

Darin liegt die erlösende Kraft, die von dem in seiner Wahrheit lebenden Menschen ausgeht, daß er in sich erlöst, die Kraft entbunden ist, aus der er entstand, und uns allen zur Offenbarung dieser Kraft wird. Sein Leben unterscheidet sich in seiner Vollmacht von dem unsrigen, er hat Zugang zu anderen Kräften als wir, er lebt angeschlossen an den Ursprung, und er stellt uns hinein in die Erkenntnis der Ursache unserer eigenen Ohnmacht.

Findet ein Mensch die Rückverbindung mit seinem Ursprung, erlebt er die Wiedergeburt als den Durchbruch zu der Kraft Gottes in seiner Schöpfung und lebt er in der täglichen Anbetung dieser Kraft, so ist er bereits aus den ihn verwirrenden und irreführenden Vorstellungen dieser Welt vom Sinn und Ziel menschlichen Lebens erlöst. Er weiß, daß der Mensch nur einen Sinn zu erfüllen hat: die Kraft des Schöpfers, aus der er geschaffen ist, durch sich zu offenbaren, im Glauben und im Vertrauen an sie zu leben, wissend, daß sie das Leben in ihm ist, das lebendig macht.

Wer diese Verbindung mit der Dimension seiner spirituellen Wirklichkeit erreicht, der wächst hinein in die Verbindung mit dieser Wirklichkeit in allem, was lebt, und er hat so die Fülle des Lebens, und seine Freude ist vollkommen. Er kann bekennen: »Deine Gnade [als das Leben, das von Gott ausgeht] genügt mir.«

Mit dem Einbruch der Seele in unser Bewußtsein erweitert sich fortwährend unsere Beziehung zu der in allem Geschaffenen wesenden Kraft des Schöpfers, und wir verlieren das Verlangen nach den Dingen, die aus der willkürlichen Geistigkeit des Menschen entstehen und die uns als Ersatz für das wirkliche Leben angeboten werden. Das ist die Erklärung für die Tatsache, daß die Zerstreuungen und Ablenkungen dieser Welt für den spirituell erwachten Menschen keine Anziehungskraft mehr besitzen.

Was seine Seele nicht anspricht, ist für diesen Menschen ohne leben-gebende Wirkung. Er hat die Begrenzung einer der geschöpflichen Verkehrtheit verhafteten Menschheit gesprengt, und er lebt bereits aus einer dieser Menschheit noch unbekannten Dimension, und er schöpft seine Freude aus ihr und lebt im Frieden mit seiner Seele, die ihn den Zugang erleben läßt zu der inneren Wirklichkeit in allem, was lebt.

Darin liegt das wahre Glück des Menschen, daß er das Glück in sich selbst findet und so unabhängig bleibt von allen Dingen, die als Ersatz für dieses wahrhaftige Glück von dieser Welt angeboten werden. Die Kinder Gottes, die zu ihrer Urbeziehung zu dem Schöpfer erwacht sind, sehen in allem Geschaffenen die Anwesenheit Gottes und werden von den Kräften des ewigen Lebens ständig bewirkt. Sie leben aus dem Leben selbst, und dieses Leben ist eine unerschöpfliche Kraft, an der alle teilnehmen können, die sie erkannt haben und sich auf sie ausrichten.

Hier geht die Verheißung in Erfüllung, daß diejenigen, die in Christus leben, volles Genüge haben und ihre Freude ständig im Zunehmen ist. »Wer an mich glaubt, der hat das ewige Leben, und er wird den Tod nicht sehen ewiglich.« »Wer an mich glaubt, von des Leibe werden Ströme von lebendigem Wasser fließen.« »Wer an mich glaubt, der wird die Werke auch tun, die ich tue, und noch größere.«

5
Bewußtes Atmen

Da Gott, der Schöpfer, in allem Geschaffenen mit seiner Kraft wirkt, geht diese Kraft als Ausstrahlung von dieser Schöpfung aus, und wir nehmen durch den Atem daran teil. Wir atmen Gott ein, und dadurch leben wir, denn Gott ist das Leben. Würden wir bewußt atmen, also bewußt der Kraft des Schöpfers sein, die mit jedem Atemzug von uns eingeatmet wird, so würden wir in einem uns noch unvorstellbaren Ausmaß lebendig und vollmächtig werden. Aber unser Atem ist sich unserer Aufnahme und Anteilnahme an der Schöpferkraft noch nicht bewußt, er ist sich selbst überlassen, gleichsam automatisch, in seiner Bedeutung für die Belebung unseres Körpers unerkannt.

Es atmet in uns, ohne unsere bewußte Teilnahme, und dadurch geschieht diese für unser Leben wichtigste Tätigkeit ohne unsere Mitwirkung, ohne unser Wissen, um was es hier geht. Wir sind bei unserer Atmung, unserer Teilnahme an der Schöpferkraft nicht bewußt anwesend, und wie könnte dann der Vorgang des Atmens voll ausgeschöpft werden?

Wir wissen, welche Bedeutung unsere volle Anteilnahme bei jeder Tätigkeit hat und daß wir keinen wirklichen Erfolg verzeichnen können, wenn wir nicht voll anwesend in dem sind, was wir tun. Braucht der Atem als die Tätigkeit, die

14.930

entscheidend für unser Leben ist, keine bewußte Anteilnahme, keine Gegenwart unseres Wissens um das, was hier getan wird?

Durch diese Abwesenheit unseres Bewußtseins von dem, was in unserem Körper geschieht, verursachen wir selbst einen Mangel an der notwendigen Verbindung zwischen uns und dem schöpferischen Geschehen der Schöpferkraft in uns. Wir leben gleichsam außerhalb unserer Wohnstätte, wir sorgen nicht für die Einheit zwischen Geist und Materie, zwischen Schöpferkraft und unserer Schöpfung. Damit verliert der Körper die für seine Funktionen notwendige Verbindung mit unserem Bewußtsein, er wird einem seinem Gedeihen gegenüber gleichgültigen Herrn unterstellt, er wird sich selbst überlassen. Unser Bewußtsein als das Geistprinzip in uns ist für unseren Körper das ihn belebende und erneuernde Prinzip, weshalb wir zu Hause sein müssen in dem, was im Körper geschieht, auf daß die Einheit zwischen uns und ihm nicht gestört wird.

Verläßt ein Mensch das Haus, in dem er lebt, hört er auf, darin zu wohnen, so beginnt der Verfall des Hauses, er kann nicht verhindern, daß es verkommt und verwahrlost. Dasselbe gilt von unserem Körper, der die Wohnstätte unseres Geistes ist. Ist der Geist immer außerhalb seiner Wohnstätte, wie soll dann verhindert werden können, daß sich die Geistlosigkeit ausbreitet, daß der Körper seine Strahlkraft verliert, daß er ein Opfer wird von Erschöpfungen, Krankheiten und Entartungen!

Für das Gedeihen unseres Körpers in allen seinen Funktionen ist der Atem von erstrangiger Bedeutung. Wir können eine Zeitlang ohne Nahrung leben, aber nicht einen Augenblick, ohne zu atmen. Mit dem Atem führen wir dem Körper Schöpferkraft zu, jene unsichtbaren Energien, die für jede Zelle, für jedes Atom unserer Schöpfung lebensnotwendig sind.

Mit dem Abbruch der Atmung hört das Leben auf, und der Tod, das Nicht-Leben, tritt ein. Daraus können wir die überragende Bedeutung des Atems erkennen und begreifen, daß er uns Leben zuführt – oder Schöpferkraft. Sich dieser Kraft beim Atmen bewußt zu sein, erhöht den Wert des Atmens, bringt uns eine Zufuhr an Bewußtseinskräften, die den Körper zu höheren Leistungen fähig macht.

Der Atem wird angereichert mit unserer Liebe, unserer Anerkennung seiner Kraft, je bewußter wir atmen. Da der Atem unsere Verbindung mit dem überall wirkenden Schöpfergeist ist, vermehren wir durch bewußtes Atmen die Kraft des Schöpfers in uns, und wir werden lebendiger und geisterfüllter. Wir leben dadurch bewußt anwesend in unserem Körper durch die bewußte Teilnahme an der Kraft, die ihn fortwährend über den Atem belebt.

Würden wir uns selbst erforschen und beobachten, *wie* wir uns zu unserem Körper und seinen Funktionen verhalten, so würde uns bewußt werden, in welchem Ausmaß wir außerhalb unseres Körpers leben, ohne Teilnahme an dem Geschehen der Schöpferkraft, das sich hier fortwährend vollzieht und uns am Leben erhält.

Wir befinden uns dauernd außerhalb unserer Wohnstätte, wir verweigern dem Körper unsere Teilnahme und liebevolle Hinwendung zu dem, was er für uns leistet, und wir wun-

dern uns, daß er sich nicht nach unseren Wünschen erneuert und nicht belebt. Daß wir ihm unsere Gegenwart entziehen, ihn sich selbst überlassen, keine Ehrfurcht vor dem in ihm waltenden Schöpferprinzip und keine Anerkennung zeigen, dessen sind wir uns nicht einmal bewußt.

Diese Gleichgültigkeit des Menschen gegenüber dem unvorstellbaren Geschehen der Schöpferkraft, das sich hier ohne unsere Teilnahme und Liebe fortwährend abspielt, ist erschreckend und beweist, in welchem Ausmaß wir bewußtlos leben gegenüber dem göttlichen Geheimnis des Lebens in uns.

Durch diese Bewußtlosigkeit sondern wir uns selbst ab von unserer Wahrheit, die die Kraft des Schöpfers ist, und wir erleben die Folgen davon in Not auf Not, wir stellen unseren Körper unter die Mächte des Verfalls, der Krankheit, der Entartung und des Todes. Würden wir uns der in uns wirkenden Kraft des Schöpfers bewußt werden und auf diese Kraft gesammelt leben und über den Atem uns mit ihr verbinden, wissend, daß sie es ist, die sich selbst durch den Atem mit uns verbindet, so würden wir unseren Körper unter einen stets wachsenden Einstrom schöpferischer Energien stellen. Wir würden dann erleben, was es heißt, zu Hause in uns selbst zu leben, über das Leben aus Gott zu verfügen und hineinzuwachsen in eine uns bis jetzt nicht zugängliche Lebendigkeit und Vollmacht.

Mit einer bewußten Atmung, mit der Erkenntnis, daß wir durch das Bewußtsein teilnehmen können an den stets um uns anwesenden Kräften des Schöpfers, die aus allem Geschaffenen ständig ausströmen, würden wir unseren Körper verwandeln, vergeistigen und vergöttlichen. Alles, was wir bewußt und mit ganzer Teilnahme tun, wird in seinem Wert erhöht, alles, was wir ohne Teilnahme unseres Bewußtseins tun, bleibt ohnmächtig, leidet Mangel an Schöpferkraft.

Sind wir präsent in unserer Atmung, wissend, daß wir uns über den Atem mit Gott verbinden, dann werden wir erkennen, welche Bedeutung der Atem für uns hat und daß er uns gotterfüllt macht.

6
Die Ausstrahlung des Menschen

Die Atmosphäre eines Menschen ist als Ausstrahlung seiner Bewußtseinsinhalte zu verstehen, weshalb wir selbst an der Wirkung, die auf uns übergeht, im Umgang mit den Mitmenschen erkennen können, was sich in ihrem Inneren bewegt. Daß wir meistens von der Begegnung mit den Menschen nicht in unserem Wesen angesprochen, nicht lebendiger, nicht froher und gesunder werden, liegt allein an der Atmosphäre, die sie verbreiten, die wir als eine Umkreiswirkung ihrer Bewußtseinsinhalte erkennen müssen.

Wenn wir aufmerksam beobachten würden, was sich in uns ereignet bei unserer Begegnung mit Menschen, würden unsere Erkenntnisse über den Zustand der inneren Entwicklung des betreffenden Menschen zunehmen, und wir würden vorsichtiger in der Auswahl unserer Bekanntschaften sein, auf daß wir uns nicht den schädlichen Ausstrahlungen von ungeordneten, unzufriedenen, ihrer eigenen Wahrheit entfremdeten Menschen aussetzen.

Unsere Kenntnisse über die Mitmenschen würden ständig zunehmen, wenn wir diese Beobachtung ihrer Wirkung auf uns pflegen würden. Unsere Sinne für das Übersinnliche entfalteten sich zu einem Selbstschutz vor einer uns nicht zuträglichen Atmosphäre der nicht in ihrem Wesenhaften ruhenden Menschen.

Der Mensch hat die Sinne seiner Seele nicht entwickelt, und er ist deshalb den täglich auf ihn einwirkenden Kräften negativer Gedanken und Gefühle seiner Mitmenschen ausgeliefert, die wie ein langsam wirkendes Gift seine Freude am Leben hemmen und seine Lebenskraft beeinträchtigen, ohne zu erkennen, wo er die Ursache für seine Erschöpfungen und Depressionen zu suchen hat. Er begreift nicht, daß der Mensch, auf der Stufe der geschöpflichen Welt am höchsten stehend, in seiner Un-heilheit, in seiner Sonderung von dem Heiligen in sich, sich zum größten Unheil seiner Umwelt auswirkt.

Die Ausstrahlung eines aus seiner Verbindung mit seiner Wahrheit, die der Schöpfergeist ist, herausgefallenen Menschen ist für seine Umwelt unheil, weshalb es erklärlich ist, daß wir als gesonderte Geschöpfe aufeinander wie auf die Schöpfung um uns eine unheile Wirkung ausüben.

Wir werden einander nicht zum Leben, nicht zur Freude, nicht zur Bejahung und Erweckung der in uns wirkenden Schöpferkraft. Je nach der Tiefe der Sonderung von unserer Wesenswirklichkeit, je nach der Verhaftung an unser Ego, befinden wir uns in der Finsternis der Desorientiertheit, und wir verbreiten in unserer Umwelt das Dunkle, das Ungeordnete und wirken so schädlich auf alles um uns.

Nur der heile Mensch als der auf das Heilige in sich, auf seine spirituelle Wirklichkeit, ausgerichtete Mensch kann auf seine Umwelt heilend wirken. Lebt der Mensch in Ehrfurcht und Liebe ausgerichtet auf die unsichtbare Kraft, die in ihm Leben bewirkt, so erkennt er diese Kraft auch in seinen Mitmenschen wie in der Schöpfung um sich, und er vermag mit seiner Ausstrahlung zu dieser Kraft bei den anderen vorzudringen und sie in Bewegung zu setzen. Darin liegt seine heilende Wirkung.

Die bis dahin in unbewußte Bereiche verdrängte Seinskraft strömt in das Leben des anderen hinein und hebt dessen Sonderung von ihr auf, stellt das gestörte Gleichgewicht zwischen dieser Kraft und seiner Schöpfung her und bewirkt so die Heilung. Wäre diese Kraft des Heils nicht im Menschen vorhanden, so könnte es auch zu keiner Heilung des Menschen kommen.

Die geistige Umweltverschmutzung, die entstehen muß durch die ständige Ausstrahlung von einer geschöpflich verkehrt lebenden Menschheit, ist für die Gesundheit des Menschen gefährlicher als das, was wir allgemein als Umweltverschmutzung bezeichnen, weil sie eben unsichtbar ist.

Wir leben umgeben von Menschen, die ohne Beziehung zu ihrer Wahrheit leben und die folglich diese Kraft nicht aussenden können. Ihre Bewußtseinsinhalte gehen als Strahlung von ihnen aus, und da sie nur auf ihr Ego ausgerichtet leben und bestrebt sind, die eigenen Wünsche und Begierden zu befriedigen, befinden sie sich genauso tief in der Sonderung von ihrer Wahrheit, wie sie gesondert leben von der Wahrheit des eigenen Lebens.

So kränken sie unsere Wahrheit, wie sie ihre eigene Wahrheit kränken, und so üben sie einen schädigenden Einfluß auf uns aus, wie sie sich auch selbst schädigen durch ihre Sonderung von ihrer Wesenswirklichkeit.

Das Bewußtsein für diese Tatsache, daß der Mensch nur so weit heilend auf seine Umwelt wirken kann, wie er ausgerichtet lebt auf das Heilige, auf das Schöpferprinzip in sich, hat der Mensch noch nicht erreicht. So ist er sich nicht dessen bewußt, warum der Umgang mit den Mitmenschen ihm so selten zur Belebung und zur Freude wird, warum er sich erschöpft und unbefriedigt fühlt in der Begegnung mit ihnen. Es kommt nicht zu einer Erhöhung seines Lebenspotentials, nicht zu einer Ansprache im Wesentlichen, nicht zu einer Erweckung spiritueller Kräfte durch den täglichen Umgang miteinander, und daraus müßten wir erkennen, daß wir einander nicht im Wesenhaften begegnen. Der Grund dafür liegt darin, daß wir nicht wesensbezogen leben, nicht in unserer Schöpfung integriert sind. *Wir leben so weit entfernt von dem Wesen unserer Mitmenschen, wie wir entfernt leben von unserem eigenen Wesen.*

Das Oberflächenleben, das wir führen, nur bezogen auf unsere Person, und das Bestreben, uns selbst zu behaupten und zu bereichern, führen nur zu Oberflächenbeziehungen, ohne eine auf unsere Wahrheit ausrichtende Wirkung.

Die heilende Wirkung, die von einem heilen Menschen ausgeht, ist eine Tatsache, die uns erkennen lassen müßte, daß es für alle Menschen im Bereich des Möglichen liegt, heilend zu wirken, weil sie alle aus der Kraft des Schöpfers hervorgegangen sind, die in sich heilig und vollkommen ist. Es ist diese Kraft, die, wird sie vom Menschen erkannt und angenommen, zu seiner heilenden Ausstrahlung beiträgt. Niemand kann heilend wirken, der nicht in sich diese Kraft des Schöpfers erkennt und nicht auf sie ausgerichtet lebt. Und niemand kann vermeiden, daß er auf seine Umwelt unheil und ungeordnet wirkt, der in der Unwissenheit um diese Kraft lebt und somit einem Teil-Leben im Vergänglichen ausgeliefert ist.

7
Der Mensch versäumt die Gegenwart

Die Beschäftigung der Menschen mit der Vergangenheit und mit der Zunkunft läßt sie die allein für ihre Entwicklung wichtige Gegenwart versäumen, nämlich die Verbindung herzustellen mit den hier wirkenden Energien schöpferischen Lebens. Beobachten wir die Menschen, so können wir erkennen, daß sie nur am Rande oder auch gar nicht teilnehmen an ihrer Umwelt, daß sie absorbiert sind von ihren eigenen Gedanken, Wünschen und vorgefaßten Meinungen, ohne jede bewußte Teilnahme an ihrer Umwelt.

Sie registrieren die Menschen und Dinge um sich, aber sie erleben sie nicht, sie sind nicht geöffnet für die Energien, die aus allem Leben fortwährend ausstrahlen. So sind sie aus dem lebengebenden Einstrom dieser Energien ausgeschlossen, und es nützt ihnen nichts, daß sie sich mit allem Eifer der Vergangenheit oder der Zukunft zuwenden, wenn sie nicht die Gegenwart erkennen als die lebengebende Wirklichkeit und nicht mit ganzer Seele ihre Kräfte aufnehmen.

Wenn wir die Menschen auf der Straße oder auch sonst beobachten, so erschreckt uns die herrschende Beziehungslosigkeit zu dem Geheimnis der hinter allem Lebendigen wesenden Schöpferkraft, das Unvermögen der Menschen, daran teilzunehmen. »Mit sehenden Augen sehen sie nicht, und mit hörenden Ohren hören sie nicht, denn ihr Herz

13.778

[ihre Seele] ist verstockt«, ist nicht in ihr Leben einbezogen, verbannt in unbewußte Bereiche. Und da die Seele oder die spirituelle Wirklichkeit unseres Lebens das uns miteinander Verbindende, unsere Lebenswirklichkeit schlechthin ist, so kann es nicht zu einem Austausch mit ihren schöpferischen Kräften kommen, solange wir sie nicht in unser Bewußtsein einbezogen haben.

Die Aufforderung aller Erleuchteten, der mit ihrer Seele verbundenen Menschen, in allen Zeiten und Völkern bleibt deshalb immer dieselbe: Vollzieht die Umkehr zu Eurer Seele, glaubt an das ewige Leben in Euch, bekennt Euch zu Eurer Gotteswirklichkeit!

Da wir alle als Geschöpfe aus der Kraft des Schöpfers entstanden sind, haben wir in uns diese Kraft, und durch sie können wir die Verbindung mit ihr aufnehmen in allen ihren Offenbarungen in der Schöpfung um uns. Kommt es aber nicht zu einer Bewußtwerdung dieser Kraft in uns, erkennen wir ihre Gegenwart nicht in uns selbst, sondern verbleiben wir in dem engen Raum unseres Person- und Vergänglichkeitsbewußtseins, dann können wir auch nicht erwarten, daß wir zu unseren Mitmenschen wie zu der Schöpfung um uns die Verbindung mit dieser Kraft erleben. *Nur die Seele hat Zugang zu der Seele, nur Gott in unserer Schöpfung erkennt Gottes Kraft in allen Dingen um uns.* Unsere Beziehung zu unserer eigenen Seele bestimmt unsere Beziehung zu der Seele der Schöpfung. Leben wir beziehungslos zu der Schöpfung um uns, beweist dieses unsere Beziehungslosigkeit zu der eigenen Seele.

Die Erlösung des Menschen aus der Armut und leidvollen Beziehungslosigkeit zu seiner eigenen und der Welt Seele liegt allein in seinem Aufwachen zu der ständigen Gegenwart seiner Seele in sich selbst und in der Schöpfung um ihn. Erkennen wir die Kraft des Schöpfers in uns selbst, so erkennen wir diese Kraft in allem, was lebt, und wir verbinden uns in Liebe damit. Je bewußter der Mensch sich seines Wertes als diese Kraft in individueller Offenbarung wird, um so bewußter wird er sich dieser Kraft in jeder Blume, in jedem Baum, in jedem Tier und in jedem Menschen wie in dem ganzen kosmischen Geschehen um ihn.

Aus diesem Zustand des Wissens um die Gegenwart Gottes in allem, was lebt, wird der Mensch der Liebe fähig, die das Band der Vollkommenheit ist.

»Wer in der Liebe ist, ist in Gott, und Gott ist in ihm.« »Wer da sagt, daß er Gott liebt und haßt seinen Bruder, der ist ein Lügner, und die Liebe Gottes ist nicht in ihm.«

Die Liebe zu uns selbst in der Erkenntnis unserer Urbeziehung zu Gott, die uns teilhaftig macht des ewigen, des von Gott ausgehenden Lebens, öffnet uns für den Einstrom dieses Lebens, das in allem Geschaffenen verborgen liegt.

8
Personenkult

Innerhalb der Bereiche der Wissenschaften ist es selbstverständlich, eine neue bahnbrechende Entdeckung in erster Linie unter dem Aspekt ihrer Verwendbarkeit zu sehen, nicht hinsichtlich dessen, der sie machte. Man baut keinen Kult und keine Legenden um den Erfinder neuer Gesetze auf, sondern man beschäftigt sich mit der Wirkung, die das neue Gesetz auf das bisherige auszuüben vermag. Man kommt nicht auf die Idee, daß der Erfinder das Gesetz ist, sondern dieses enthüllt sich durch ihn, er ist ein Durchgang für ein bisher nicht bekanntes Gesetz, er handelt als Werkzeug und Organ für etwas, das bis dahin verborgen war.

Wir würden es als absurd betrachten, wenn wir Menschen, die eine für die Menschheit wichtige Entdeckung machen, als Übermenschen ansehen und anbeten würden, anstatt sie schlechthin als durchlässig für eine bereits vorhandene, aber noch nicht bewußt erkannte Wahrheit zu sehen.

Innerhalb des religiösen Lebens, das sich mit der Beziehung des Menschen zu der Kraft des Schöpfers, aus der diese neuen Gesetze hervorgehen, beschäftigen sollte, werden deren Verkünder mit diesen Gesetzen indentifiziert, und es entsteht ein Personenkult, eine Anbetung des Verkündigers, anstatt einer Annahme des von ihm verkündeten Gesetzes. Damit ist die Unwirksamkeit der Verkündigung unvermeidbar, denn diese Verkündigung wird nicht an die erste Stelle gesetzt, sondern der Verkündiger nimmt diese Stelle ein. Wir müssen mit Erschütterung feststellen, daß es bei den großen Religionen nicht um die Verwirklichung der Lehre des Erleuchteten geht, sondern um die Verehrung der Person. Die Anbetung des Buddha wie des Jesus von Nazareth und die Legendenbildung um ihr Leben, ihre Erhebung zu Göttern, nicht mit den Menschen vergleichbar, haben dazu beigetragen, daß ihre Entdeckung der Beziehung des Menschen zum Schöpfer und die Notwendigkeit der Unterordnung unter seinen Willen verlorengingen und die Anbetung ihrer Person an diese Stelle trat.

Die größte Entdeckung der im Menschen wesenden Kraft des Schöpfers, wie sie geschah in der Verkündigung Jesu von der Anwesenheit dieser Kraft in unserer Schöpfung, die er das Reich Gottes nannte, ist von den Menschen nicht erkannt worden.

Man beschäftigt sich mit dem Gekreuzigten und glaubt an die erlösende und uns mit Gott versöhnende Tat seines Todes, man feiert seine Geburt, sein Leiden und seinen Tod und erkennt nicht, daß seine Entdeckung der in uns wesenden Kraft Gottes ohne Wirkung auf unser Leben bleibt und wir ihn dadurch zur Unwirksamkeit verurteilen hinsichtlich unserer Erlösung aus dem Zustand eines Teil-Lebens im Vergänglichen.

Das wirkliche und vollmächtige Leben, das er entdeckte und verkündigte als Gesetz, das in der Kraft des Schöpfers in unserer Schöpfung liegt, und seine Aufforderung, uns dieser Kraft zuzuwenden, daran zu glauben und sie in unser Leben einzubeziehen, ist von uns nicht erkannt und nicht angenommen worden. Wir erschöpfen uns in der Beschäftigung mit seiner Person, und wir erkennen nicht, daß allein die Kraft des Schöpfers, die hier wirksam wurde, für uns von Bedeutung ist.

Nicht Jesus ist unser Erlöser, sondern das Reich göttlichen Seins in uns selbst, das er verkündigte, ist das für uns Erlösende unseres Lebens. *Er ent-deckte unsere Wahrheit als diese Kraft Gottes in Offenbarung.* Aber anstatt diese Kraft im Glauben anzunehmen und sie durch uns wirken zu lassen, verharren wir in der Anbetung des Werkzeugs des Schöpfers. Jesus predigte nicht seine Person, sondern die überpersönliche Kraft des Schöpfers in uns, und er rief auf zur Umkehr zu dieser Kraft und zur Einkehr in sie.

Seine Aussage über sich selbst: »Ich habe Euch ein Beispiel gegeben, folget mir nach!« beweist seine Auffassung, daß auch wir gleich ihm Zugang haben zu dieser Kraft des Schöpfers in unserer Schöpfung und daß es unsere Aufgabe ist, diese Kraft zu erkennen und durch uns zu offenbaren.

Anstatt dieses hier verkündete Gesetz unserer Urbeziehung zum allmächtigen und allgegenwärtigen Schöpfer anzunehmen und die Umkehr zum Göttlichen in uns zu vollziehen, bleibt die sich christlich nennende Religion in einem Personenkult verstrickt, und Jesus wird angebetet, nicht hingegen die Kraft Gottes, die er verkündigte und die wir durch Sammlung und Meditation in uns aktivieren müssen, damit sie sich selbst durch uns offenbart.

Daß es nicht zu einer Erlösung und Heilung des Menschen durch diesen Personenkult kommt, davon zeugt die mit Unmenschlichkeit und Gottlosigkeit erfüllte Geschichte des Christentums.

Die für die ganze Menschheit wichtigste aller Entdeckungen, die Entdeckung der göttlichen Kraft in unserer Schöpfung, die Jesus »das Reich Gottes inwendig in uns« nannte, wird nicht als für unser Sein oder Nicht-Sein entscheidend erkannt, sondern wir verbleiben in einer über Jahrhunderte unwirksamen Anbetung der Person Jesu und glauben an die erlösende Kraft seines Todes, anstatt an seine Botschaft von der in uns erlösenden Kraft des Schöpfers, die sich als unsere Schöpfung manifestiert hat, zu glauben.

Jesus hat nie seinen Tod als uns erlösend verkündigt, sondern er verkündigte das Reich Gottes in unserer Schöpfung, und er rief uns auf zur Umkehr zu dem göttlichen Ursprung. Daß er sterben mußte, war eine Folge seiner der jüdischen Religion entgegengesetzten Lehre, die dieser Religion zur Bedrohung wurde. Sein durch die Einheit mit dem Ursprung verbundenes Leben erwies sich als Gericht über das ohnmächtige Teil-Leben, das unter der herrschenden Religion gelebt wurde. Die Vertreter dieser Religion erkannten die Gefahr seiner Botschaft für ihre Macht, und so glaubten sie, ihn unschädlich machen zu müssen, indem sie ihn töteten. Aber da seine Botschaft nicht von seiner Person abhängig ist, sondern die Wahrheit des Menschen enthüllt, bleibt sie wirkkräftig und gültig über alle Zeiten hinweg, und wo diese Botschaft erkannt und angenommen wird, entsteht der wahre Nachfolger Christi als der Mensch, der die von Jesus verkündigte Kraft des Schöpfers in sich annimmt und von dieser Kraft verwandelt wird.

Die erlösende Kraft, die von seiner frohen Botschaft von unserer geschöpflichen Beziehung zum Schöpfer ausgeht, muß verkündigt werden, und diese Botschaft allein muß als das uns vor allem Angehende betrachtet werden. *Wir müssen die Entdeckung unserer Wahrheit für unser Leben in dieser Welt nutzbar machen, wir müssen uns dieser Wahrheit zuwenden, die Umkehr zu ihr vollziehen, dann erst dienen wir dem wahren Evangelium.* Dann erkennen wir in Jesus den Wegweiser zu unserem Heil und das Beispiel, dem wir nachfolgen müssen, um in uns heil zu werden.

9
Das Christentum ist bei Jesus stehengeblieben

Christus als das Schöpferprinzip in uns, als die menschbildende Kraft des unsichtbaren Schöpfers in unserer Schöpfung, muß von uns entdeckt und angenommen werden, sollen wir wahre Nachfolger des mit dieser Kraft verbundenen Menschen Jesus von Nazareth werden. Es geht in dieser Nachfolge nicht um die Anbetung der Person Jesu, sondern um die Bewußtwerdung der von ihm verkündigten Kraft des Schöpfers in uns, um die Erkenntnis unserer Wahrheit als Geschöpfe dieser Kraft.

Die für uns alle verhängnisvolle Verwechslung der Entdeckung der Schöpferkraft in uns Menschen durch Jesus mit seiner Person, hat uns um die erlösende Kraft dieser für die Menschwerdung wichtigsten Entdeckung gebracht und ist die Ursache für unser Verbleiben in der uns verderbenden Bewußtlosigkeit gegenüber unserer existentiellen Wahrheit.

Betrügen wir uns mit den überlieferten religiösen Lehren nicht selbst um die Erkenntnis des von Jesus gepredigten göttlichen Geheimnisses unseres Lebens? Wir setzen den Weg des verlorenen Sohnes fort und nehmen zu an Ungöttlichkeit und Unmenschlichkeit, während wir im Glauben an ohnmächtige, uns nie in unserer Wahrheit erlösende Dogmen einer sich christlich nennenden Religion verbleiben und ihnen dienen.

 14.959

In einer unbegreiflichen Monotonie feiern wir durch Jahrhunderte die Geburt, das Leben und Leiden, den Tod und die Auferstehung des Jesus von Nazareth und fragen uns nicht, warum wir mit dieser ständigen Beschäftigung mit seinem Leben nicht die von ihm verheißene Verbindung mit dem Reich göttlichen Seins in uns selbst finden, nicht gleich ihm in die Macht unserer Kindschaft zu Gott hineinkommen.

Er rief uns auf zur Nachfolge der von ihm entdeckten und verkündeten Wahrheit des in uns wesenden ewigen Lebens, aber wir bleiben außerhalb dieses Lebens, während wir eifrig bemüht sind, Jesus anzubeten und in ihm unseren Erlöser und Heiland zu sehen.

Wie ist es möglich, daß wir uns nicht fragen, worin unsere Erlösung durch Jesus für uns zu suchen ist, da wir doch erleben, daß die sich zu ihm bekennenden Völker immer tiefer in eine Gottlosigkeit und in das Verderben hineingeraten und die Menschheit zu Opfern von Unmenschlichkeit werden lassen. Sind die Christen vorangegangen in Gotterfülltheit und Erlöstheit aus Egoismus und Lieblosigkeit? Beweisen sie in ihrer Geschichte überzeugend, daß sie Beispiele für ein gerechtes und heiles Leben abgeben?

Müssen wir nicht endlich aufwachen aus der Arroganz und Überheblichkeit, die uns auszeichnen, weil wir dem Wahn erlegen sind, Christen zu sein, Nachfolger des Evangeliums des Jesus von Nazareth? Er hat uns die Botschaft übermittelt, daß wir Träger der Kraft des Schöpfers sind, die allein die Menschwerdung bewirken kann, und daß wir uns auf diese Kraft ausrichten müssen, um zu ihrer Offenbarung zu werden. »Ich habe Euch ein Beispiel gegeben, folget mir nach!«

Besteht denn diese Nachfolge Jesu im Feiern unserer religiösen Zeremonien, in unserer Teilnahme an prunkvollen Festen zu Ehren seiner Geburt und seines Leidens und Sterbens? Folgen wir seiner Aufforderung, uns dem Glauben an das Reich göttlichen Seins in uns zuzuwenden, wenn es uns um nichts anderes geht, als Gottesdienste abzuhalten und an Sakramenten teilzunehmen, während wir fortfahren, unserem Egoismus zu dienen und uns in den Dienst der Gott-losigkeit dieser Welt zu stellen?

Welcher Wahn verblendet unsere Augen, daß wir nicht erkennen, wie sehr sich eine christliche Religion durch ihre Geschichte selbst den Beweis liefert, wie unchristlich, spirituell unlebendig und gott-los sie ist!

Darin mag unser Trost liegen, daß das Evangelium des Jesus von Nazareth für unsere Heilung und Erlösung sich nicht als unzulänglich und unwirksam erweist; wir müssen nur sehen, daß es noch nicht in seiner Wahrheit erkannt und angenommen worden ist. Wir sind keine Nachfolger der von ihm entdeckten und verkündeten Kraft Gottes in uns geworden, sondern wir sind vielen menschlich allzu begrenzten und irreführenden Interpretationen zum Opfer gefallen und haben uns in ihren Dienst gestellt, anstatt uns in den Dienst der in uns wesenden Christuskraft zu stellen und damit wahre Nachfolger seines Evangeliums zu werden.

Dies müssen wir erkennen, daß nicht die Person Jesu unser Erlöser ist, sondern die in seinem Leben erkannte und angenommene Kraft des Schöpfers. Die Verheißung Jesu, wer seine Botschaft annimmt, werde zum Glauben an das Reich göttlichen Seins in sich kommen, gleich Ihm zum Licht der Welt werden, und von dessen Leibe würden Ströme lebendigen Wassers fließen, und er würde dieselben Werke tun und noch größere – diese überwältigende Verheißung wartet noch auf die Erfüllung im Leben der wahren Nachfolger seines Evangeliums.

Das Christentum ist bei Jesus stehengeblieben; zu Christus hat es den Weg nicht gefunden.

Weitere Bücher aus dem Aurum Verlag

Rut Björkman
DAS WIEDERKOMMEN CHRISTI
– Licht einer anderen Dimension –
136 Seiten, kart. cell.

DAS WIEDERKOMMEN CHRISTI: Ein ewig neues oder ein ewig altes Ereignis? Biblische Fiktion oder die Realität des Menschen? Warten wir, oder wartet Gott? Bleibt Hoffnung Hoffnung, weil das Heil verschlafen wurde?

DAS WIEDERKOMMEN CHRISTI trifft den Nerv der Schöpfung. Hier geht es auf dem Weg über das urchristliche Verständnis des Evangeliums um das Selbstverständnis Gottes und seiner Schöpfung. DAS WIEDERKOMMEN CHRISTI meint nicht den erneuten Versuch nach fehlgeschlagener Mission, nicht den zwangsläufigen Gnadenakt für Unverbesserliche. DAS WIEDERKOMMEN CHRISTI korrigiert im Hier und Jetzt unser Bewußtsein und unsere Empfänglichkeit für die Anwesenheit Gottes. Solange göttliche Präsenz in uns keine Chance hat, sind wir Gottes verpaßte Inkarnation. Damit ist Heilserwartung deplaziert, weil verkehrt. Eine Rechnung ohne den Gast. Und ein vereinsamter Gott so lange, als ein unbegriffener. Ein verlorener Posten des Heils so lange, als wir unfähig sind, Gottes Kraft in uns zu ent-decken.

Die Wiederkunft Christi als der entscheidende Wandlungsprozeß in einem jeden von uns – dazu will diese Arbeit anregen und aufrütteln. Das große Werk der Wiedergeburt in Christo – alchemischer Kernprozeß aller Evolution – dies steht hier im Mittelpunkt des Denkens, wird immer wieder ausgeleuchtet und tritt letztlich als unausweichliche Forderung an den Leser heran. DAS WIEDERKOMMEN CHRISTI begleitet auf diesem »Schritt nach innen«. Die Pseudo-Existenz nennt ihn groß. Für Angelus Silesius ist er noch nicht einmal ein Schritt: »Christ, schätze dir die Reis in'n Himmel nicht so weit; der ganze Weg hinein ist keines Schrittes breit.«